再制造环境下的产品创新策略研究

孙 琳 ◎ 著

Research on Product
INNOVATION
STRATEGY
in Remanufacturing Industry

中国财经出版传媒集团
经济科学出版社
Economic Science Press

前言

　　再制造就是将处于生命期末尾的零部件或产品通过再一次的加工而变成像新的或更好性能的零部件或产品的一系列制造过程。尽管再制造能为原始产品制造商（original equipment manufacturer，OEM）带来诸多好处，但其也提出了一系列挑战，其中最为突出的是再制造品会侵蚀新产品的市场份额，甚至影响新产品品牌及利润的形成。为了应对再制造品对新产品的侵蚀问题，原始产品制造商往往会采取以下策略：其一，部分原始产品制造商自身不从事再制造活动，转而将其外包给独立的第三方再制造商（third－party remanufacturer，TPR）。其二，无论原始产品制造商是从事再制造还是将其外包，都纷纷加大其新产品的创新投入，进而将创新的新产品与再制造品做最大限度的质量区分，从而缓解再制造品带来的侵蚀问题。

　　目前关于再制造背景下的产品创新问题的研究尚待完善。特别是，一方面，现有再制造类文献通常将再制造和产品创新分开来研究，其均忽略了不同再制造情形下的产品创新议题，而没有考虑两者之间的交互及该交互背后的影响。需要指出的是，再制造品和新产品之间不再是单纯的竞争关系，而变成了竞合关系：新产品和再制造品均会给原始产品制造商带来可观的利润，同时二者亦会相互侵蚀竞争。因此，将再制造和产品创新分开的现有研究不能为不同再制造情形下的产品创新策略提供理论诠释，特别是当市场上还存在青睐再制造品的绿色消费者群体时更是如此。另一方面，尽管已有运作管理文献关注了高端和低端产品间的产品侵蚀问题，但由于再制造的原料——废旧产品的数量受新产品数量的限制，因而，他们的管理启示亦不能简单地推广到再制造环境。

为此，本书在再制造分别由原始产品制造商和第三方再制造商承担两类情形下，研究了原始产品制造商的产品创新（包括产品升级和产品兼容性设计）策略和绿色消费者群体的影响。本书主要关注以下内容。

（1）对比研究了上述两类再制造环境下的原始产品制造商的产品升级策略。即，考虑原始产品制造商既从事新产品生产又从事废旧产品再制造的两阶段博弈模型下进行最优生产决策的同时，还能决策是否对产品进行研发升级。结果表明，当再制造业务被外包给第三方再制造商时，原始产品制造商总是更倾向于进行产品升级。另外，当再制造业务被外包给第三方再制造商总是减少原始产品制造商的赢利，但对环境有利。需要指出的是，第2章将产品创新与再制造结合起来，考虑了升级策略对原始产品制造商或第三方再制造商进行再制造的最佳策略的交互及影响。

（2）将第3章扩展为存在绿色消费者时，研究了再制造背景下的原始产品制造商的产品升级策略。首先，将市场分为绿色消费者和一般消费者，推导出再制造品价格较低和较高时新/再制造品的需求函数。其次，构建出再制造分别由原始产品制造商和第三方再制造商承担时的两阶段产品升级模型。结果表明，绿色消费者的比例对上述两类不同再制造情形下的产品升级有重要影响。特别是，原始产品制造商自己从事再制造和将再制造业务外包出去时产品升级动机的差异，随绿色消费者比例的增加而减小；环境影响的差异随绿色消费者比例的增加而增加。最后，用一个数值实验对主要的结果进行可视化和敏感性分析。需要指出的是，与第 3 章研究不同的是，本书在考虑产品创新和再制造竞合的同时，考虑了绿色消费者的影响。

（3）将第 3 章和第 4 章的产品升级策略变换为产品兼容性设计这一重要开发策略，研究了产品兼容性设计的原始产品制造商的最优再制造决策模型。即，第一阶段原始产品制造商的决策变量为产品的兼容程度，在第二阶段原始产品制造商仍然先确定给第三方再制造商的再制造授权费，然后双方同时决策新/再制造品的生产数量。结果表明，当原始产品制造商自己从事再制造时的产品兼容性水平总是高于其将再制造业务外包给第三方再制造商的产品兼容性水平。另外，为了在原始产品制造商与第三方再制造商之间实现"双赢"，设计了一个收益分享合同和一个补贴激励机制来协调再制造由第三方再制造商承担时的供应链。最后，通过一个数值实验对理论结果进行可视化和敏感性分析。与第 3 章和第 4 章不同，第 5 章将再制造背景下的产品升级，拓展到了产品间的可兼容设计。

研究结果表明，当再制造业务被外包给第三方再制造商时，原始产品制造商总是更倾向于进行产品升级。而且，再制造业务被外包给第三方再制造商总是减少原始产品制造商的盈利，但对环境有利。另外，绿色消费者的比例对上述两类不同再制造情形下的产品升级有重要影响。特别是，原始产品制造商自己从事再制造和将再制造业务外包出去时产品升级动机的差异，随绿色消费者比例的增加而减小；环境影响的差异随绿色消费者比例的增加而增加。

（4）与产品创新策略不同，当原始产品制造商专注于产品兼容性设计时，原始产品制造商自己从事再制造时的产品兼容性水平总是高于其将再制造业务外包给第三方再制造商的产品兼容性水平。

本书主要有以下贡献。

（1）分别从原始产品制造商自己承担再制造和其将再制造外包给第三方再制造两类再制造情形出发，探讨了两类情形下的原始产品制造商的产品创新和兼容性设计议题以及它对新/再制造品竞合关系的具体影响，延伸了现有再制造类和产品创新类研究的触角。

（2）通过对上述两种情形下的均衡结果的比较分析，得出再制造背景下原始产品制造商产品升级策略的管理启示，其研究结果为当前再制造领域中原始产品制造商的产品创新和兼容性设计决策提供了理论依据和决策参考。

目　录

第1章 绪 论

本书研究再制造环境下的产品创新策略问题。首先，本章介绍现实实践和理论研究背景，并基于上述背景阐述研究动机；其次，提出研究所面临的具体问题；再次，结合提出的问题而拟定研究思路，并给出具体技术路线；最后，阐述本书的创新点。

1.1 研究背景与研究动机

1.1.1 研究背景

随着经济的发展和工业经济的繁荣，人类的生产活动对环境造成了严重的影响，全球变暖、雾霾天气、冰川融化等一系列气候现象频现。毫无疑问，这些现象表明人类原有的高投入、高消耗、高排放的传统生产模式不仅对环境资源带来了难以承受的经济发展之负，而且也必将对人类的生产甚至生存带来严峻挑战。近二十多年来，人类开始认识到生态负担的经济将由整个社会分担的传统观念已不可接受，转而推行发展可持续的节约型、循环型经济已经迫在眉睫。

早在1993年，欧盟就提出了生态管理和审计计划（the Eco-Management and Audit Scheme)。该计划虽然强调自愿,但它清楚地表明环境责任应由产业界来承担。在德国,这种重视环保的态度也已经通过立法强制执行,其指导原则是"始作俑者"原则,即对环境造成损害的人应该为修复损害支付费用。随后该类策略在欧盟内部不断被强化。例如,2003 年,欧盟在其官方期刊上出版了《报废电子电气设备指令》(*Waste Electrical and Electronic Equipment(WEEE)Directive*)。该指令规定自 2005 年 8 月起,所有在欧盟市场上出售电子电气产品的生产商均必须为其所售电子电气产品的废旧品承担回收责任或支付回收费用。随后,2008 年,欧盟成员国对上述条例进行了进一步完善,即在确保达到回收目标的基础上,要求欧盟成员国应建立再利用和再制造的新目标(Erica & Wang, 2009)。

目前,中国的碳排放约占全球排放总量的 30.7%,成为世界主要经济体中碳排放持续高增长的国家之一。① 为了提高我国企业的能源利用率和实现国家经济的可持续发展,近年来,我国政府提出了"碳中和"(carbon neutral, or carbon neutrality)作为一种新型环保经济形式。具体而言,中国在发展经济的同时,将提高国家自主贡献力度,采取更为有效的政策和措施,力争于 2030 年前达到二氧化碳排放的峰值,并于 2060 年前实现碳中和目标。为了达到该发展目标,2005 年国务院就发布了《关于加快发展循环经济的若干意见》。2011 年开始,我国就开始实施《废弃电器电子产品回收处理管理条例》,并对废旧电子电器产品实行了多渠道回收和集中处理的策略,具体包括设立废旧电子产品处理企业资格、行业协会、预算管理、补贴标准和技术开发等。随着再制造在电子电器行业的成功推广,我国相继在汽车、农用机械、矿山设备等领域进行了多轮次的试点工作。

再制造(remanufaturing)被定义为将处于生命期末尾的零部件或产品变成像新的或更好性能的零部件或产品的一系列制造过程,并且还能提供

---

① 实现碳中和的核心三要素 [EB/OL]. (2021 – 08 – 31) [2022 – 08 – 31]. https://zhuan-lan. zhihu. com/p/405445128.

保修服务（陈东彦等，2021；夏西强和朱庆华，2020；石纯来等，2020）。它是促进企业经济增长、提高企业效率和增强企业竞争力的重要驱动力，对国民经济发展、自然环境保护等方面具有重要意义。一方面，再制造不仅可以帮助企业节省 40% ~ 65% 的产品生产成本，并且还可以使企业的平均利润率达到 20%（Daniel et al.，2002），对于提高企业收益、促进社会经济增长具有重要作用。因而，从短期来看，努力促进再制造业的发展能为原始产品制造商带来可观的经济收益（Oersdemir et al.，2014；常香云等，2021；郭军华等，2013）。另一方面，相比制造新产品，再制造可以提高旧产品零件的重复使用率，降低自然资源浪费率。据统计，再制造能节约 60% 的能源、70% 的原材料和减少 80% 的碳排放。①因此，短期来看，努力促进再制造业的发展将是努力实现碳中和不可或缺的主要动力之一（常香云等，2021；石纯来等，2021）。

鉴于再制造的诸多好处，许多国外知名公司提出了回收/再制造计划，并积极将其付诸实践。例如，1987 年，影印设备制造商施乐公司（Xerox）就在新西兰启动了其复印机和打印碳粉盒回收和再制造，并被称为恢复资产运营管理计划。通过该计划，Xerox 公司在 1989 年回收并再制造了 5% 的复印机和打印碳粉盒。1997 年，该公司不断强化了其回收并再制造策略，并于当年再制造了 80000 余个复印机和打印碳粉盒，占其销量的 75%（King et al.，2006）。与之类似，全球摄影媒体和设备制造商柯达（Kodak）公司就在其一次性相机系列的生产过程中实施了再制造计划，并取得了巨大成功。著名的飞机制造商波音（Boeing）公司则在 2017 年分别从美国陆军和英国获得了多架 CH - 47 系列直升机和 AH - 64 "阿帕奇" 武装直升机的再制造合同。

在我国开展的再制造试验和试点工作中，始终将产业中的企业作为试验推广的主体。例如，2010 年，由国家发展改革委等 11 个部门联合推出

①　加快发展再制造产业 促进经济绿色高质量发展［EB/OL］.（2021 - 04 - 25）［2022 - 08 - 31］. https：//m. thepaper. cn/baijiahao_12381934.

了《关于推进再制造产业发展的意见》，明确了我国发展再制造企业的主要任务、发展目标等。随后，国家发改委环资司等部门积极稳妥地推进再制造试点工作，其中推广试点企业包括广州花都全球自动变速箱有限公司、潍柴动力（潍坊）再制造有限公司、东风康明斯发动机有限公司、大众一汽发动机（大连）有限公司等。与之对应的是，国内多个知名公司也纷纷提出了回收/再制造计划。例如，2010 年，格力电器在湖南建立绿色再生再制造基地与中部区域销售中心，该项目计划总投资 50 亿元，占地 2000 亩，将成为湖南，乃至全国最大的电器再生资源基地，它将承担商用空调、家用空调、空气能热水器、净水器等产品的再制造。[①]

需要指出的是，虽然再制造活动为企业带来了环境友好的美誉并增加了额外的创收途径，但它也给企业的运作管理带来了诸多难题（Zou et al.，2016）。例如，为了将获取再制造品的原材料，原始产品制造商首先需要将分散在消费者手里的旧产品回收，该过程通常由逆向供应链完成。毫无疑问，除了前向的销售流向以外，逆向供应链与新产品销售的正向供应链将相互依存，进而大大提升供应链管理的难度（王治国，2020；冯立攀，2019）。更为重要的是，回收回来的旧产品经过再制造后，将以较低价格将再制造品重新投入市场，这会导致新产品和再制造品的产品侵蚀问题。基于对亚马逊 37 类再制造品的统计发现，即使享有同样的保修策略，与新产品相比，消费者对再制造品的估价降低 15.3%，与之对应的是，为了吸引消费者，该类再制造品卖家亦往往将再制造品的价格调低 9.7% 以上（Guide et al.，2010）。毫无疑问，虽然消费者通常认为再制造品的价值比新产品要低，但由于仅需支付较低的价格，因此其对新产品市场份额的侵蚀作用不可忽略。更糟糕的是，许多消费者将廉价的再制造品与原始产品制造商的品牌联系起来，使其品牌形象受损（F Zhang，2020）。

---

① 李文耀. 格力电器全球第十大基地破土动工［N/OL］. （2014 - 03 - 28）［2022 - 06 - 21］. http：//news. sina. com. cn/c/2014 - 03 - 28/071029810793. shtml.

一些原始产品制造商转而将再制造活动外包给第三方。例如，IBM 公司就建立了针对第三方再制造计划：IBM 公司允许第三方对其产品进行再制造翻新，但再制造后的产品要进入市场，必须先通过 IBM 公司的检测并贴上授权封条（Huang & Wang，2017）。与之类似的是，卡皮特再制造公司与路虎汽车公司达成战略合作协议，协议规定卡皮特再制造公司将承担路虎汽车的全球再制造翻新、运作管理和再制造品销售等业务（Channel，2005）。据调研统计，在美国再制造品市场，从事再制造业务的原始产品制造商仅占 6%，其中 94% 为第三方再制造公司，他们往往先取得原创产品制造商的授权再开展再制造业务（Hauser & Lund，2021）。

即使原始产品制造商可能因为各种原因而不愿进行再制造，但在逆向供应链中有专门的回收商负责从消费者那里收集旧产品将其分类，汇总再运回原始产品制造商处，因此原始产品制造商不能完全掌控逆向供应链，这就给了第三方再制造商有机可乘。如果再制造过程较为简单，可被轻易复制，这些第三方再制造商就会将回收的旧产品再制造成新产品销售。通常这些第三方再制造商能更快地抓住机会，甚至在原始产品制造商还没有开始再制造时他们就已经生产出再制造产品。为应对这种情况，许多原始产品制造商干脆与这些独立的第三方再制造商签订再制造协议，授权其进行再制造，并收取授权费，但由此也造成了新产品和再制造品的外部竞争。不管是内部竞争还是外部竞争，再制造品都严重侵蚀了新产品的市场份额。

更为重要的是，为了既获取再制造带来的好处，又降低再制造品的侵蚀，许多原始产品制造商都纷纷采用产品创新策略。产品创新策略不仅能提升新产品的溢价，而且能降低再制造品的侵蚀问题。这一点在道奇（Dodge）汽车得到了充分的印证。作为克莱斯勒集团旗下的三大汽车品牌之一，Dodge 进行了汽车的翻新和再制造业务，赢得了绿色的声誉和额外的利润。与此同时，为了降低再制造汽车对其新产品的冲击，Dodge 在创新研发的驱动下不断提升新产品的性能。Dodge 的副总斯科特坚称

"不断的产品创新不仅能更好地服务顾客，而且能显著地降低新旧汽车的相互竞争"（S Lin et al.，2018）。与之类似的是，在投身再制造业务的同时，我国的玉柴动力也把产品创新作为打造未来工作的核心动力，其在2011年，研发了国内首款满足欧六排放法规的样机 YC6L 而成为"国内领先"，随后，2015年，玉柴动力再接再厉，继而成功推出 10 款满足 T3排放法规的系列新品、插电式混合动力二代系统等。在稳固推进再制造的同时，玉柴动力持续以产品创新为核心动力，并赋予新产品更多的功能，推出了高效可靠、专业适用的发动机新品，再制造市场也赢得了丰厚回报。①

　　从实践来看，多产品类型的企业的产品创新的形式多种多样。其主要可以归纳成两类：一类，为了避免多产品间的相互侵蚀，企业针对其主要利润来源的产品类型进行可策略的研发和升级策略；另一类，为了谋求多产品组合策略的利润，企业针对其所有产品进行统一运作和管理的兼容性研发和设计策略。需要指出的是，就再制造情景而言，新产品升级与其兼容性设计存在一定的差异：新产品升级使得制造商能提升产品的质量，以便与再制造品作最大的质量区分，从而减轻再制造品对新产品的侵蚀；而产品兼容性设计则是利用模块化设计或者通用组件技术，使制造成本下降的同时又能提高产品种类的丰富程度，从而实现新产品和再制造品的总利润最大化。

　　虽然传统观念认为多产品类的企业为了获取超额利润而不断推出升级产品。但在再制造背景下，这类问题有了新的特征：再制造品和新产品之间不再是单纯的竞争关系，而变成了竞合关系。与传统多产品类似，一方面，再制造品是新产品的非完美替代品，它们之间存在产品侵蚀的竞争关系。这使得原本会购买新产品的一些消费者可能因为再制造品更高的性价比而放弃新产品。但与传统多产品不同的是，现实中存在部分消费者，即

---

　　① 李小军. 玉柴：创新活力锻造绿色动力 [N/OL]. （2016 – 03 – 10） [2022 – 06 – 21]. http://www.gxylnews.com/html/news/2016/03/121608.html.

绿色消费者，他们更倾向购买对环境有利的再制造品；另一方面，再制造品也能给原始产品制造商带来额外利润，它们之间又存在合作关系。但与传统多产品不同的是，再制造品是对废旧产品的翻新，因而其生产数量会受到新产品数量的约束。另外，虽然利润最大化一直以来都是企业研发和产品升级的主要目标，但在再制造背景下，企业的产品升级策略必然会对再制造运作管理的社会和环境绩效目标造成间接的影响。

所谓兼容性设计就是能将使用过的产品以更容易且不使用蛮力的方式拆卸（Oersdemir et al.，2014）。对于多产品兼容性设计策略，确实可以降低制造成本而带来不菲的收益（Desai et al.，2001；Wu，2012）。例如，美国最畅销的豪华汽车品牌之一，丰田（Toyota）的雷克萨斯（Lexus）在其低端产品凯美瑞（Camry）的生产线中使用了几种通用组件。这种兼容性的设计导致了 Lexus 与 Camry 的产品侵蚀现象。一些汽车评论文章将这种情况描述为"同一种香水，不同的瓶子"。尼桑（Nissan）的高端产品英菲尼迪（Infiniti G20）和其低端产品轩逸（Sentra SE）之间也存在类似的情况。Infiniti G20 与 Sentra SE 的模块化设计和通用部件可能会让消费者感到困惑，因为他们发现 Infiniti G20 与 Sentra SE 具有相同的发动机、悬架和转向盘，但 Sentra SE 的成本却比 Infiniti G20 低 6550 美元（Desai et al.，2001）。事实上，在将再制造整合到现有商业活动中时，其运作管理将更为突出而无法简单预测。例如打印机行业，在新产品上采用了产品兼容性设计的原始产品制造商（包括富士和惠普）由于再制造品的侵蚀效应，在 2010 年收入损失超过了 130 亿美元（F Zhang，2020；Zhab & Hu，2019）。因此，也有必要对再制造环境下的产品兼容性设计策略进行研究，探讨它对新/再制造品竞合关系的具体影响。

1.1.2 研究动机

通过梳理现有文献，可将再制造领域的研究分为四个分支。第一个分支主要研究新产品与再制造品的市场竞争问题；第二个分支主要研究再制造的渠道结构管理问题；第三个分支主要研究退货等商业返回问题，重点讨论退货政策的制定、退货的处理、如何降低退货率等；第四个分支研究再制造中的库存管理问题。与本书相关的主要是前两个分支。另外，现有文献关于产品创新的研究多集中于产品升级和产品兼容性设计等策略，重点讨论了创新产品的定价、引入频率、时机、产能和政府法律法规的影响等问题。但是，他们均将产品升级和再制造策略的实施分开研究，而且也没有考虑绿色消费者这样重要群体的重要影响。因此，理论界对再制造环境下的产品创新研究尚处于起步阶段，将再制造环境与产品创新结合起来，探寻再制造背景下产品创新策略对新/再制造品销售的影响，是一个理论上必要又与实践息息相关的研究议题，具有非常重要的理论和实践意义。

1.2 问题提出

最近几十年来，人们对可持续发展的认识不断提高，许多企业管理者试图将传统运营管理与可持续发展相结合，在发展经济的同时，也注重环境和地球资源的保护。在实践中，作为传统高消耗型产品生产方式的替代方案，再制造通常被视为许多产品的一种有利可图且环保的选项。无论原始产品制造商自己从事再制造，还是将其外包给独立的再制造商，都不能只关注新产品的销售而忽视再制造品带来的产品侵蚀问题。为应对这种竞争，许多原始产品制造商打算通过频繁推出创新产品来区分两种产品的质量水平，从而避免新/再制造品的竞争。例如，Xerox 和 Kodak 通过设计具有更多功能的复印机和缩微摄影设备，减少了消费者对再制造复印机设备的购买行为。那么在不同再制造情形下进行产品创新又会遇到什么管理问题呢？本书从以下三个方面进行分析。

（1）在不同再制造情形下，当原始产品制造商采用的产品创新策略为产品升级时，这种升级策略是如何影响新/再制造品间的竞合关系呢？从经济的角度来看，产品升级策略似乎缓解了新/再制造品间的产品侵蚀问题，并对原始产品制造商的利润有利。然而，从环境可持续发展的角度来看，产品升级策略的影响还不清楚。为了理解这一基本问题，本书构建了两种模型对此进行研究：①所有新产品和再制造产品均由原始产品制造商提供（模型 O）；②新产品由原始产品制造商提供，再制造品由第三方再制造商提供（模型 T）。基于这两种模型，本书试图回答以下问题：①模型 O 和模型 T 在产品升级的激励方面是否存在差异？②从经济角度看，哪种模型对原始产品制造商和第三方再制造商更有利？③从可持续发展的角度来看，哪种模型对环境更友好？④原始产品制造商的产品升级策略对新/再制造品竞争的作用是什么？

（2）当消费者群体中存在环保意识较强，更青睐于再制造品的绿色消费者时，他们对在不同再制造情形下的原始产品制造商的产品创新策略又会带来什么影响呢？无论再制造是由原始产品制造商自己从事还是被外包给第三方再制造商，绿色消费者的存在都增强了生产再制造品的动力，这在无形中加剧了新/再制造品的产品侵蚀问题。要回答该问题，需要首先在市场需求函数中加入绿色消费者部分，将其与一般消费者的需求函数分开，再分别求解出现两种消费者群体下的均衡结果。通过对这些均衡结果的对比分析，才能为现实中原始产品制造商的产品升级决策、利润提升和环境保护提供有效的方法指导。本书对该问题的分析体现在再制造环境下存在绿色消费者的产品升级策略研究部分，这是本书着力解决的第二个问题。

（3）在不同再制造情形下，当原始产品制造商采用的产品创新策略为产品兼容性设计时，这种策略又是如何影响新产品和再制造品间的竞合关系？事实上，在将再制造整合到现有商业活动中时，产品可互换设计也会导致产品侵蚀问题，因为产品可互换设计能将旧产品以更容易且不使用蛮力的方式拆卸。拆卸旧产品所导致的运营成本降低将使再制造产品更为有利可图。现有文献已经探讨了影响产品设计的许多因素，然而他们均未考虑再制造下的废旧产品翻新、绿色偏好和环境影响等议题，因而他们的结果不能简单拓展到再制造环境下的产品兼容性设计中来。在实际中，许多原始产品制造商，例如 Canon、Epson 和 Xerox，多年来一直从事喷墨墨盒的兼容性设计并进行再制造活动。另外，包括 Apple、IBM 和 Land Rover 在内的一些原始产品制造商已将其再制造业务外包给独立的第三方再制造商。因此需要研究再制造由渠道中不同成员承担时，其经济、环境和社会效益取决于原始产品制造商的产品兼容性设计策略。更具体地说，需要研究以下问题：①在再制造分别由原始产品制造商自己从事和外包给第三方再制造商时，原始产品制造商如何选择产品的兼容度？②从经济角度看，哪种模型对原始产品制造商和第三方再制造商更有利？③从可持续发展的角度来看，哪种模型对环境和社会更友好？

1.3　研究思路与研究内容

鉴于 1.1 节已经提到现实中既有原始产品制造商自己从事再制造也有将再制造外包给独立第三方再制造商的实践，因而，本书对这两种运作管理情形都会加以考虑和研究。即分别在该两类运作管理情形下，对产品的具体创新策略加以分类：产品升级和兼容性设计两种。具体包括，第 3 章为再制造环境下的产品升级策略，第 4 章为再制造环境下存在绿色消费者的产品升级策略，均属于第一种产品升级策略。第 5 章则研究产品兼容性设计对新产品和再制造品产品竞合管理问题的影响，需要指出的是，该章主要从成本角度讨论不同再制造情形下的产品兼容性设计最优策略选择问题。因而，并不打算对消费者的需求方面作进一步的区分，即将不考虑"再制造环境下存在绿色消费者的产品兼容性设计策略"问题。最后，第

6 章将对全书的创新、研究方法和主要研究结论加以总结，并对后续相关研究及可能议题加以展望。

1.3.1　研究思路

本书研究的主线为：（1）在再制造分别由原始产品制造商和独立再制造商承担的背景下研究原始产品制造商的产品升级策略；（2）进一步考虑绿色消费者群体对产品创新策略的影响，即构建再制造环境下存在绿色消费者的产品升级策略模型；（3）研究产品创新策略为产品兼容性设计技术时，原始产品制造商如何应对再制造品和新产品的产品侵蚀问题。具体包括以下研究思路。

第 3 章的研究思路为：首先，考虑原始产品制造商自己既生产新产品又将市场上前期销售出去的旧产品回收来进行再制造的情形。此时原始产品制造商还能决策是否在新产品上进行升级或兼容性研发，以区别于再制造品。通过求解所构建的决策模型，从而得出原始产品制造商的最优决策。其次，考虑再制造业务被外包给一个独立的第三方再制造商的情形。此时原始产品制造商还需决策给第三方再制造商的再制造授权费。通过构建求解一个两阶段斯坦克尔伯格（Stackelberg）博弈模型，得到双方的最优决策。最后，再将这两种情形下的均衡结果（包括新/再制品的最优数量、产品升级激励、经济表现和环境可持续性）进行比较，得出再制造背景下原始产品制造商产品升级策略的管理启示。

第 4 章的研究思路与第 3 章类似，但是增加了绿色消费者群体的影响。首先，需要推导出再制造品价格较低和较高时的新/再制品的需求函数。其次，与第 3 章一样，构建再制造分别由原始产品制造商和独立的第三方再制造商承担时的产品升级决策模型。但与第 3 章不一样的是，此时原始产品制造商和第三方再制造商的决策变量是产品的价格，而不是数量。最后，通过博弈理论求解出原始产品制造商和第三方再制造商的最优决策,再将再制造分别由原始产品制造商和第三方再制造商承担时的均衡结果(包括新/再制造品的最优价格、产品升级激励、经济表现和环境可持续性)进行比较,得出绿色消费者对原始产品制造商产品升级策略和新/再制造品产品侵蚀问题的影响。

第5章的研究思路与第3章和第4章类似,也是在再制造分别由原始产品制造商自己进行和独立的第三方再制造商承担两种情形下,构建并求解原始产品制造商产品创新的决策模型。但此时原始产品制造商的产品创新不再是产品升级,而是产品兼容性技术,因此原始产品制造商的决策变量变为产品的兼容度,其他则与第3章和第4章相同。通过运用逆向归纳法求解出原始产品制造商和第三方再制造商的最优决策后,仍然将这两种情形下的均衡结果(包括最优兼容度、经济表现、环境可持续性和社会福利)进行比较。而为了使再制造被外包给第三方再制造商后整条供应链的利润仍然能达到原始产品制造商自己从事再制造的情形,还设计了一个收益分享合同和一个补贴激励机制来协调整条供应链。

在第3~第5章所构建的决策模型中都采用了两阶段动态博弈,原始产品制造商在第1阶段除了决策新产品的数量(价格),还要决策是否对产品进行创新(升级或者采用兼容性设计)。另外,当再制造被外包给第三方再制造商时,原始产品制造商还要决策收取第三方再制造商的再制造授权费。模型中一般新产品的质量都被标准化为1,以便于分析。而产品创新成本函数(升级或者采用兼容性设计)都是一个凸函数。在第2阶段,为了刻画新/再制造品的产品侵蚀问题,都是先给出消费者对新/再制造品的效用函数,再据此推导出新/再制造品的需求函数。

1.3.2 研究内容

由于1.2节和1.3.1节已经分别给出了研究问题和研究思路,因此本节将基于这些问题和思路，详细阐述本书的研究内容和各章节的安排。

本书总共包含 6 章内容，各章具体的安排如下。

第 1 章是绪论。首先，介绍了再制造环境下为什么要进行产品创新的研究背景，并据此引出了研究动机；其次，根据研究动机顺势提出了一些重要的研究问题；再次，在这些研究问题的基础上进一步阐述了研究思路、研究内容和各章节的安排；最后，根据与国内外现有文献的不同之处，提炼出了本书的三个创新点。

第 2 章为国内外文献综述。主要列出了与本书密切相关的再制造环境下产品创新的国内外文献，主要分为两个方面：一是研究再制造管理的文献；二是研究产品创新策略的文献。关于再制造管理的研究，本书主要对新/再制造品的竞争和再制造回收管理进行综述。与产品创新策略相关的文献，主要根据产品升级和产品兼容性设计这两方面典型的文献进行综述。此外，本书还对现有文献中的一些不足进行了分析。

第 3 章研究再制造环境下的产品升级策略。首先，考虑原始产品制造商同时生产新产品（或者升级产品）和再制造品的一个两阶段最优决策模型。此时原始产品制造商在第 1 阶段需决策是否对产品进行升级，而在第 2 阶段需决策新/再制造品的最优生产数量。再次，通过合并原始产品制造商的两阶段决策模型，运用一阶条件求出其最优决策。再次，考虑再制造由独立第三方再制造商承担的两阶段博弈模型。通过运用逆向归纳法，求解出原始产品制造商和第三方再制造商的最优决策。研究结果表明，当再制造业务被外包给第三方再制造商时，原始产品制造商总是更倾向于进行产品升级。另外，当再制造业务被外包给第三方再制造商总是减少原始产品制造商的赢利，但对环境有利。

第 4 章研究再制造环境下存在绿色消费者时的产品升级策略。本章的结构与第 3 章大致相同，也研究了再制造分别由原始产品制造商自己从事或者外包给一个独立的第三方再制造商时，原始产品制造商的产品升级决策问题。但与第 3 章最大的不同是考虑了绿色消费者群体的影响。首先，在再制造品定价较低和较高时求出了新/再制造品的需求函数。另外，关于新/再制造品的决策变量不再是数量而是价格。通过求解出两种情形下的最优决策。其次，比较了他们在最优价格、产品升级激励、经济表现和环境可持续性方面的不同，并给出了绿色消费者群体对新产品和再制造品产品侵蚀问题影响的管理启示。结果表明，绿色消费者的比例对上述两类不同再制造情形下的产品升级有重要影响。特别是，原始产品制造商自己从事再制造和将再制造业务外包出去时产品升级动机的差异，随绿色消费者比例的增加而减小；环境影响的差异随绿色消费者比例的增加而增加。

第 5 章研究再制造环境下的产品兼容性设计策略。本章考虑了再制造分别由原始产品制造商和第三方再制造商承担时，两个两阶段的原始产品制造商产品创新决策问题。但此时原始产品制造商的产品创新策略变成了产品兼容性设计，因此在第 1 阶段原始产品制造商的决策变量也变成了产品的兼容度。通过运用逆向归纳法求解出这两种情形下的最优决策后，比较了他们在最优兼容度、经济表现、环境可持续性和社会福利的差异。而为了使再制造被外包给第三方再制造商时整条供应链的利润仍与不外包时相同，本章还设计了一个收益分享合同和一个补贴激励机制来协调供应链。结果表明，当原始产品制造商自己从事再制造时的产品兼容性水平总是高于其将再制造业务外包给第三方再制造商的产品兼容性水平。

第 6 章为全文总结与未来研究的展望。首先，对各章的主要内容和结论进行总结；其次，再介绍研究局限，从而为今后提供可能的研究方向。

本书的研究框架如图 1 - 1 所示。

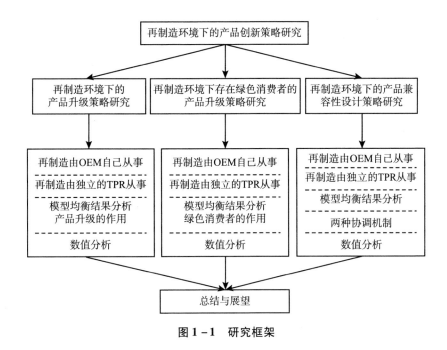

图 1-1　研究框架

1.4　研究创新点

从经济角度来看，与新产品生产相比，再制造能够节约生产成本而给原始产品制造商带来不少的经济收益。从环境角度来看，再制造体现了可持续发展的理念，减少了自然资源的消耗。尽管再制造有诸多好处，但是许多原始产品制造商担心再制造品会损害自己的利润，甚至会影响其品牌形象，导致了新产品和再制造品间的侵蚀效应。为了应对来自再制造品的侵蚀效应，原始产品制造商往往自己不从事再制造，而是将其外包给独立的再制造商；更为重要的是，即使在不同再制造情形下，他们往往会对产品进行创新，以期区分新产品与再制造品。本书分别从原始产品制造商自己承担再制造和其将再制造外包给第三方再制造两类再制造情形出发，探讨了两类情形下的原始产品制造商的产品创新策略议题，因而主要包括以下创新点。

（1）分别构建了再制造由原始产品制造商承担和外包给第三方，两类不同再制造情形下的原始产品制造商的产品升级策略模型。

一方面，虽然再制造的环境可持续问题已经得到了很好的研究（Ferrer & Swaminathan，2010；Y Wei et al.，2015），但是以往关于再制造的环境可持续议题的文献通常没有考虑原始产品制造商产品升级策略的影响。因此，在再制造分别由原始产品制造商和独立的第三方再制造商承担的情形下，研究了原始产品制造商的产品升级策略，补充了再制造的环境可持续问题这一系列文献。另一方面，尽管产品升级策略已经在各种背景下被国内外学者详细讨论过（Klastorin et al.，2016；Y Xiong et al.，2013），但它在应对再制造品与新产品的产品侵蚀问题中所起的作用并不十分清楚。特别是当再制造分别由原始产品制造商和第三方再制造商承担时，这种策略对相关决策主体的经济和环境影响如何还不清楚。因此，在再制造由不同渠道成员承担时，研究原始产品制造商的产品升级策略，为其决策提供了理论依据和决策参考，这是本书的第一个创新点。

（2）在再制造由原始产品制造商承担和外包给第三方两类情形下，研究原始产品制造商的产品升级决策的同时，考虑了绿色消费者群体的影响。

虽然考虑绿色消费者群体下的再制造问题已经得到了很好的研究，但是随着消费者环保意识的增强，一些国家又通过颁发相关环保法律法规来强制企业重视再制造（冯章伟，2020；R Dai & J Zhang，2017）。需要指出的是，这些关于绿色消费者群体下的再制造文献均没有关注不同再制造情形下的原始产品制造商的产品升级策略。需要指出的是，现实中的绿色消费者群体不可忽视，而且他们只关心产品的功能性而不是其新旧程度，更倾向于购买再制造品（Atasu et al.，2008）。更重要的是，绿色消费者甚至能通过公开的倡议，强迫企业在产品的回收和再利用上承担责任（Esenduran et al.，2015）。毫无疑问，面对绿色消费者，原始产品制造商的产品升级策略的作用有限，因为绿色消费者更倾向于购买再制造品，这给再制造品与新产品的产品侵蚀问题又带来了一些变数。因此，对市场进行区分，即在一般消费者和绿色消费者这一条件下，研究了不同再制造情形下的原始产品制造商的产品升级决策，弥补了现有研究的空白，这是本书的第二个创新点。

（3）分别构建了再制造由原始产品制造商承担和外包给第三方，两类不同再制造情形下的原始产品制造商的产品兼容性设计策略模型。

现有关于大多基于不同产品线的背景（Tosarkani & Amin，2018；Broeke et al.，2018）。虽然他们关于低端和高端产品之间产品侵蚀问题的研究与再制造环境下再制造品与新产品的产品侵蚀问题类似（再制造品可以被看作是低端产品，新产品可以被看作是高端产品），但是他们的结论却不能简单地推广到再制造环境。其中最主要的原因是再制造品的原料来源于废旧产品（即消费者购买的新产品，经过使用后在其生命周期末期而被消费者废弃），而受新产品销售量的限制。这种限制关系在低端产品跟高端产品之间是不会存在的。因此，在再制造分别由原始产品制造商和独立的第三方再制造商承担的情形下，研究原始产品制造商的产品兼容性设计议题，并试图探讨该两类议题间的交互机制。因而，延伸了现有产品兼容性设计类研究的触角，这是本书的第三个创新点。

第 2 章　文 献 综 述

　　再制造和产品创新策略的研究是两个很热门的话题，一直吸引着国内外不少学者的关注。本章首先从再制造管理的角度对已有文献进行回顾。由于产品创新的方式多种多样，因此本章在对产品创新策略的研究进行综述时主要考虑两种创新策略：产品升级；产品兼容性设计。针对以上两大类现有研究文献，接下来综述的安排如下：2.1 节为再制造管理；2.2 节为产品创新管理。最后在 2.3 节给出本章小结。

2.1　再制造管理

　　再制造活动作为企业的一种增值过程，其目标是通过重复使用仍然完好的零部件，来恢复旧产品的剩余价值。早期的文献通常将再制造与循环经济的其他部分相混淆，例如翻新（refurbishment）、修复（reconditioning）和修理（repairing）。谢尔里等（Hierry et al.，1995）最先从经济学的角度将再制造过程看作一系列增值活动，以复印机的复印功能作为案例背景，说明引入再制造活动能影响产品的商业利益和企业的战略制定。之后，范围更广的闭环供应链的研究兴起，再制造被纳入闭环供应链，成为其重要的一部分，其研究主要分为以下四个分支。

　　第一个分支主要研究新产品与再制造品的市场竞争问题。由于再制造品是新产品的非完美替代品，因此再制造品可能与新产品产生产品侵蚀的竞争。该分支的大部分文献都构建了一个单周期或者两周期模型，将新/再制造品的定价或者生产数量作为决策变量。

第二个分支主要研究再制造的回收管理问题。现实中从消费者手里回收旧产品通常较为复杂，而且可能不受制造商的控制，因此该分支重点讨论的话题包括回收网络的设计、回收渠道的管理、回收费用的制定等。

第三个分支主要研究退货等商业返回问题，重点讨论的话题包括退货政策的制定、退货的处理、如何降低退货率等。

第四个分支研究再制造中的库存问题。由于此时存在返回，因此库存水平不再单调下降，这给库存策略的制定带来了更高的复杂性（郭年，2018）。本书主要涉及前两个分支，因此后续重点综述新产品与再制造品的竞争以及再制造回收管理方面的文献。

2.1.1 新产品与再制造品的竞争

摩忠德和格罗埃内维尔（Majumder & Groenevelt，2001）最先用一个两周期模型来讨论新/再制造品竞争。他们假设第一周期只有新产品（由原始产品制造商生产和销售）；而在第二周期一部分旧产品被返回，被原始产品制造商和独立再制造商获得并进行再制造。这些假设使他们的模型能描述再制造活动的一些主要特性，例如有限的产品生命期、新/再制造品的竞争等。研究结论表明，由于独立再制造商再制造品的存在，使得原始产品制造商在第一周期生产较少的新产品，毕竟第二周期旧产品是第一周期销售出去的新产品回收而来。一方面，原始产品制造商还会试着增加独立再制造商的再制造成本，以减少其再制造品在第二周期带来的竞争。另一方面，独立再制造商再制造品带来的竞争也帮助原始产品制造商降低了再制造成本。这是因为只要再制造对原始产品制造商有利可图，他就会在第一周期生产更多的新产品，这也使得独立再制造商能在第二周期生产更多的再制造品。

随后弗格森和托克泰（Ferguson & Toktay，2006）在摩忠德和格罗埃内维尔（2001）的基础上研究了原始产品制造商如何阻止独立再制造商的再制造品进入市场。一般来说原始产品制造商有两个应对策略：抢先进入市场进行再制造；回收旧产品但不进行再制造。他们也构建了一个两周期模型，并在假设单位再制造成本是再制造品数量增函数的基础上，讨论了原始产品制造商同时生产新产品和再制造品；原始产品制造商只生产新产品，独立再制造商生产再制造品两种情况下双方的最优决策。研究结果表明，首先，当回收成本占到再制造成本的大部分时，制造商进行再制造会更好；其次，单位制造成本增加，相对的再制造策略优势就增加；再次，对于边际利润较低特别是再制造成本便宜的产品，那么再制造商更有利可图；最后，顾客对于再制造品的接受程度可以通过顾客对该产品的相对支付意愿的程度来测量。

以上两篇文献更多地从再制造品带来的竞争视角进行讨论，强调了再制造品与新产品的同类相残效应。而阿塔苏等（Atasu et al.，2008）则另辟蹊径，将消费者分为普通和绿色两种类型，其中普通消费者认为再制造品的价值比新产品低，而绿色消费者则认为两者价值相同。通过构建两周期模型，并在两个因素（在第二周期，市场规模变大或者变小；新产品的生产中是否存在竞争者）共四种情况下，得出了再制造对原始产品制造商有利可图的条件。与前人普遍认为再制造只是一种节省成本的策略或者为了遵守环保法规而不得不采用的观点不同的是，他们发现当存在绿色消费者时，再制造可作为一种营销工具来应对新产品生产中的竞争者。他们同时也指出，虽然新/旧产品竞争、市场规模增长和绿色消费者的比例对原始产品制造商的再制造决策都有直接影响，但是这三个因素没有比其他两个更重要。换言之，三个因素共同作用，影响原始产品制造商的再制造决策。

新/再制造品之所以存在竞争是因为再制造品是新产品的非完美替代

品。当再制造品和新产品都由原始产品制造商生产时，这种竞争通常被称为内部竞争；而当再制造品由独立的再制造商生产时，这种竞争被称为外部竞争。那么这两种竞争对新产品生产的影响有何不同，也有一部分文献对此作了探讨。奥夫钦尼科夫（Ovchinnikov，2011）用一个行为实验研究了新产品和再制造品的内部竞争。他们发现消费者在大多数情况下都会根据价格来判断产品质量。因此，当新产品和再制造品的价格差达到一定阈值时，一部分消费者就会购买再制造品。这对原始产品制造商的再制造决策也会产生一定的影响，使得他要么不从事再制造，要么再制造所有回收来的旧产品。而阿格拉瓦尔等（Agrawal et al.，2016）更是通过一系列消费者行为实验发现，原始产品制造商生产的再制造品会使其新产品的价值降低8%；相反，如果再制造品是由独立的再制造商生产，则会使新产品的价值增加7%。这些实验结果表明，允许独立再制造商的存在不一定是坏事，因为内部竞争可能会削减原始产品制造商的利润，而外部竞争有时反而能增加他们的利润。

在研究新/再制造品之间的竞争时，很多文献为了方便讨论都假设只有两个周期，这种假设虽然有其合理性但是却忽略了周期变多时可能带来的潜在变化。斯瓦米纳坦（Swaminathan，2006）假设消费者认为再制造品的价值和新产品相同，在新/再制造品都由原始产品制造商生产的情况下，首先构建了一个两周期模型，求出了新产品和再制造品的最优决策，其次将该模型拓展到多周期和无限周期的情况。随后他们又假设新产品由原始产品制造商生产，再制造品由独立再制造商生产，同样在两周期、多周期和无限周期的情况下求出了最优决策。通过对均衡结果的分析，他们发现如果再制造非常有利可图，原始产品制造商会放弃部分第一周期的利润，降低新产品的价格，增加后续周期旧产品的供应。这种现象在周期变多时变得更加明显。此外，当来自独立再制造商的竞争加剧时，原始产品制造商倾向于将回收的旧产品全部再制造，使得再制造品的价格更低。费雷尔和斯瓦米纳坦（Ferrer & Swaminathan，2010）在斯瓦米纳坦（2006）

的基础上进一步考虑消费者认为再制造品的价值和新产品不同，在单寡头垄断和双寡头垄断的情况下，构建了两周期、多周期（主要是3、4、5周期）和无限周期模型，求出了新产品和再制造品的最优决策。与斯瓦米纳坦（2006）相同的是，他们也将再制造节约成本作为一个关键的因素，讨论了其在两周期、多周期和无限周期下对最优决策的影响。研究结果表明，当考虑的周期变多时，新/再制造品的最优产量会出现振荡现象，即在某一期新产品数量比再制造品多，下一期则是再制造品数量比新产品多，再下一期又是新产品数量比再制造品多。这充分体现了周期变多对均衡结果的影响。

除了国外学者的研究，国内也有部分学者对新产品和再制造品的竞争作出了一些贡献。徐峰等（2008）假设消费者认为再制造品的价值与新产品不同，构建了差异化定价和单一定价模型，并比较了这两种模型下新/再制造品的最优决策和产品回收率。通过数值仿真，他们研究了各种外生参数在这两种模型下对原始产品制造商利润和产品回收率的影响。与徐峰等（2008）一样，包晓英等（2010）也假设消费者认为再制造品的价值与新产品不同，并在一个单周期模型中研究了集中式和分散式决策时整个闭环供应链的均衡决策。结果显示，分散式模型下新产品的销量、旧产品的回收数量和整个闭环供应链的利润都出现了不同程度的下降。据此，他们提出了两部定价合同来协调供应链，使之能达到集中式决策的结果。但斌和丁雪峰（2010）在斯瓦米纳坦（2006）以及费雷尔和斯瓦米纳坦（2010）研究的基础上，也构建了一个两周期模型，研究了再制造品数量受回收率限制下的最优定价决策。他们只考虑了再制造品由原始产品制造商生产的特殊情形，探讨了这种内部竞争对新产品市场份额的影响。他们发现影响原始产品制造商利润的因素主要是：消费者对再制造品价值的估计；再制造节约成本。因此加大环保宣传，突出再制造品的环保优势对原始产品制造商利润的增加有利。其中郭军华等（2013），聚焦并假设了消费者认为再制造品的价值与新产品不同。郭军华等（2013）发表《WTP 差异下的再制造进入决策研究》，对新产品是否存在竞争者的情况下，研究了原始产品制造商是否该自己进行再制造。他们的结论与徐峰等（2008），包晓英等（2010），但斌和丁雪峰（2010），王桐远等（2021），马等（Ma et al.，2020）大同小异，都发现在一定条件下，原始产品制造商还是应该参与再制造。最后通过数值仿真研究了各种外生参数对最优决策的影响。郭军华等 2013 年发表《双寡头再制造进入决策的演化博弈分析》则在其同年发表的《WTP 差异下的再制造进入决策研究》的基础上进一步假设市场上存在两个原始产品制造商，但是他们并非完全理性。利用演化博弈，分析了最优决策的平衡点和稳定性。结果显示，当政府补贴超过一个阈值时，这两个原始产品制造商都会在后续周期参与再制造。

在阻止独立再制造商进入方面，计国君和陈燕琳（2021）在弗格森和托克泰（2006）的基础上考虑了第三种策略，即收取再销售特许费。在构建了一个两周期动态博弈模型，并求出了这三种策略的最优均衡结果后，他们通过数值仿真发现弗格森和托克泰（2006）中提出的：抢先进入市场进行再制造；回收旧产品但不进行再制造，以及他们自己提出的收取再销售特许费都能起到缓解外部竞争的作用。这在一定程度上拓展了弗格森和托克泰（2006）的研究结论。最后，他们选取了再制造品的价值折扣作为外生参数，研究了原始产品制造商该如何在这三种策略中进行选择。

黄永等（2013）则在斯瓦米纳坦（2006）以及费雷尔和斯瓦米纳坦（Ferrer & Swaminathan，2010）的基础上，也研究了多周期对再制造最优决策的影响。他们假设新产品和再制造品都由原始产品制造商生产。结果显示，在两周期模型下，每个周期原始产品制造商的最优决策都不同；但如果将产品生命期扩展到多周期（仍然有限），则除第一周期和最后一个周期外，原始产品制造商的最优决策都相同；而在无限周期的情形下，除第一周期外，后续各个周期原始产品制造商的最优决策都相同。这无疑也发展了斯瓦米纳坦（2006）、费雷尔和斯瓦米纳坦（Ferrer & Swaminathan，2010）的结论，更加详细地探讨了多周期下最优决策的一些特性。

2.1.2　再制造的回收管理

再制造的回收管理一开始借鉴了正向供应链里的设施选址模型，主要讨论如何确定回收站的最优数量、位置和规模以及如何最小化回收过程中的各种成本。弗莱斯曼等（Fleischmann et al.，2010）构建了一个混合整数规划模型，以供应链的成本最小化为目标。这种混合整数规划模型相当实用，并且能描述现实中很多不同的场景。除了混合整数规划模型外，还有其他类型的模型也被用来讨论再制造回收网络的设计。吉德等（V G Jr et al.，2006）用一个排队网络模型展示了再制造的时间价值，这个发现非常有用，特别是在消费者几乎都是时间敏感的消费电子产品行业。但是这却无法用混合整数规划模型描述。最后他们建议当回收率较高或者再制造非常有利可图时，企业应该将回收网络设计的重心从集中化和效率转换到快速响应上来。张天瑞等（2021）利用交互式可能性规划方法，研究了由多工厂、分销点、市场和废旧回收点组成的可持续闭环供应链的网络设计问题。他们在市场需求、设施建设成本和产品回收率都不确定的情况下构建了一个多目标混合整数规划模型，来最小化企业运作成本和对环境的伤害，最大化社会效益。通过引入改进的 Epsilon 约束方法将多目标优化变为单目标优化，他们提出了一种两阶段可能性规划方法，并运用数值实验验证了模型的有效性。其他的关于回收网络设计的详细综述可参考王治国（2020），托萨卡尼和阿明（Tosarkani & Amin，2018），李欣（2020），李利（2020），翟子瑜（2018），石纯来（2020），张和陈（Zhang & Chen，2020）以及杨等（Yang et al.，2020）等。

以上回收网络设计文献基本上都假设回收活动应该由专门的回收商来运作，萨瓦斯坎等（Savaskan et al.，2004）是第一篇探讨了原始产品制造商回收渠道结构选择的文献。他们首先假设新/再制造品的价值一样，回收有一定成本（回收率 τ 的二次函数），在一个单周期模型中考虑制造商为领导者，通过 Stackelberg 博弈研究了 3 种回收模式：制造商直接从消费者手里回收；制造商激励零售商去回收；制造商与第三方签订合同让第三方去回收（后两种制造商有转移支付）。这三种回收模式都是分散式的决策模型。均衡结果表明零售商回收这种模式是最有效的。最后他们还给出了一个两部定价协调机制使这种分散式决策模型能达到集中式的最大利润。随后，萨瓦斯坎和瓦森霍夫（Savaskan & Wassenhove，2006）在该基础上进一步讨论了回收旧产品的零售商存在竞争的情况。虽然萨瓦斯坎等（2004）已经证明零售商回收是最优的模式，但是萨瓦斯坎和瓦森霍夫（2006）仍然设计了一个原始产品制造商可以直接从消费者手里回收的渠道作为对比。研究分析表明，原始产品制造商直接从消费者手里回收的动力来自再制造能节约不少生产成本；而通过零售商回收最大的好处则是能节省回收成本。另外，当零售商间存在竞争，且他们的产品不是新产品的直接替代品时，原始产品制造商也更喜欢这种间接回收的模式。由此带来的管理启示是，对于竞争会极大地影响价格的消费品而言，零售商回收模式更好；而当零售商竞争对产品价格的影响较小时，原始产品制造商最后自己直接从消费者手里回收。

国内对再制造供应链回收管理的研究受萨瓦斯坎等（2004）、萨瓦斯坎和瓦森霍夫（2006）的影响深远，基本上都是基于这两篇文献的框架。姚卫新（2004）与萨瓦斯坎等（2004）一样，也分析了制造商回收、零售商回收、第三方回收三种回收模式，研究了在不同的市场环境下，原始产品制造商该选择哪种回收模式。与萨瓦斯坎等（2004）不同的是，他们允许这三种模式可以任意组合。黄祖庆和达庆利（2006）则在萨瓦斯坎等（2004）的基础上加了两种情况，讨论了 5 种分散式再制造供应链的回收模式，研究了这 5 种模式与集中式供应链下利润和效率的不同。研究结果显示，零售商对原始产品制造商批发价的影响越大，则该回收模式就越有效；而分散式回收供应链除了可以像萨瓦斯坎等（2004）那样用两部定价合同协调外，也可以用收益分享合同来协调。易余胤（2009）在萨瓦斯坎等（2004）的基础上扩展考虑了制造商作为领导者、零售商作为领导者，制造商和零售商均衡博弈的情况，并对比了不同市场权利结构对制造商和零售商的影响。他的主要结论是市场无领导者时（制造商和零售商均衡博弈），消费者和整个行业都能获得更大利益。

虽然萨瓦斯坎等（2004）的结论是零售商回收模式最好，但也有学者在各种情况下发现其他回收模式可能优于零售商回收。黄宗盛等（2013）利用微分博弈研究了制造商回收和零售商回收两种模式，并求得了这两种模式下的最优控制策略。他们模型的一大特点是旧产品的回收率受回收努力的影响。将这一点纳入微分方程并比较了这两种回收模式后发现：制造商负责回收时，产品的回收率较高、产品的价格也更低、产品需求相应提高、零售商的利润也更高。因此他们认为制造商回收对双方都有利，综合经济和非经济因素，制造商回收模式更佳。这与萨瓦斯坎等（2004）的结论有所不同。王玉燕等（2020）则在回收服务成本是由电商平台独自承担还是与再制造商共同承担，电商平台是否贷款两个维度下，研究了4种电商平台闭环供应链的回收博弈模型。他们分别给出了电商平台愿意贷款和再制造商愿意分担回收服务成本的条件。研究发现，再制造商愿意分担回收服务成本虽然在一定程度上损害了电商平台的利润，但却能使双方获得"双赢"。另外，电商平台不选择贷款则对再制造商有利；选择贷款则对电商平台有利。陈东彦等（2021）则在考虑了企业社会责任的基础上，分析了回收活动分别由制造商独自负责、零售商独自负责和制造商与零售商共同负责三种渠道结构，并讨论了制造商的企业社会责任意识对新产品的价格和旧产品回收的影响。研究发现，无论是哪一种回收模式，制造商的企业社会责任都对降低新产品的批发价格、直销价格和零售价格有利。此外，制造商的企业社会责任意识还对渠道成员的利润和供应链整条利润有重要的影响。

另外一部分学者则研究如何通过奖惩机制引导渠道成员实现某一种回收模式。王文宾和达庆利（2008）在电子类产品回收再制造的背景下，研究了政府该如何引导制造商直接回收并再制造。他们专门设计了一个奖惩机制，该机制通过提升回收率，使得制造商回收并再制造旧产品具有更大的成本优势，从而鼓励了制造商直接从消费者手里回收旧产品。晏妮娜和黄小原（2008）则在需求是随机的、消费者对价格敏感和回收量受回收努力影响的假设下，构建了第三方机构回收的多级闭环供应链管理模型。他们的奖惩机制是制造商与第三方机构之间关于回收目标的奖惩合同。据此他们讨论了以制造商为领导者、零售商和第三方回收机构为跟随者的 Stackelberg 博弈模型，分析了渠道成员的联合优化策略。最后，他们还通过数值仿真，将模型应用于上海宝钢废钢回收的实践中。

2.2 产品创新管理

19 世纪以来，产品研发及创新问题一直是学术界的研究热点之一。尽管目前对产品创新管理的研究较多，但主要可以分为两类：（1）从熊彼特（Schumpeter，1942）起始，有大量学者，分别从包括产品竞争、企业成本、商业伙伴间合作等工商管理的角度关注了上述变量与企业的产品创新之间的因果关系。（2）与之不同的是，管理科学则认为企业不断进行产品创新的动机是个别企业凭借其技术优势谋取，进而为其在市场竞争中获得超额利润（Schumpeter，1942；Schmidt et al.，2017；Rosokha & K Younge，2017；Sorescu et al.，2018）。本书则主要关注：不同产品间的相互侵蚀问题对相关企业的产品创新的影响。

尤其需要强调的是，在再制造环境下，企业进行产品创新有了新的原因，主要是作为新产品非完美替代品的再制造品侵蚀了新产品的市场（Pazoki & Samarghandi，2020）。为了应对这种情况，无论再制造业务是由原始产品制造商进行还是外包给再制造商，原始产品制造商为了将新产品与再制造品作最大限度的质量区分，不得不进行产品创新。实际中，企业创新的策略主要包括产品升级和产品兼容性设计。产品升级使得制造商能提升产品的质量，以便与旧产品作最大的质量区分；而产品兼容性设计则是利用模块化设计或者通用组件技术，使制造成本下降的同时提高产品种类的丰富程度。本书将从产品升级和产品兼容性设计两个方面来详细综述产品创新方面的文献。

2.2.1　产品升级的相关研究

产品升级是在原有产品的基础上，进行技术创新，使产品在外观、性能等方面有所改进，并能为消费者带来新效用的商业活动。产品升级一般可以分成三种情况：一是创新型的产品升级。这种升级方式在产品研发方面具有重大改进，以满足消费者的新需求为主。二是跟进型的产品升级。这种升级方式在产品研发上没多大改进，只是模仿市场上的畅销产品，以满足消费者现有需求为主。三是改头换面型的产品升级。这种升级方式主要是让原有产品既能持续受欢迎，又能提升其利润。

关于产品升级的文献一开始是在耐用品营销的背景下讨论的。莱文塔尔和普罗希（Levinthal & Purohi，1989）最早研究了一个垄断企业在推出升级产品时的最佳销售策略。由于消费者预期产品会升级，这导致旧产品可能因过时而失去价值，所以消费者降低了对旧产品的支付意愿，增加了对升级产品的支付意愿。这种现象使得企业必须在产品升级和旧产品销售之间作出权衡。他们分析了产品升级的这些特性对企业最佳销售战略的影响，并提出了各种应对策略，包括限制升级产品的初始销售，以缓解其带来的产品侵蚀效应；回购旧产品，以产生对升级产品的更大需求；对未来产品升级的公告。他们发现，对于适度的产品升级，公司的最佳策略是逐步淘汰旧产品的销售，而对于较大幅度的产品升级，回购策略更有利可图。如果企业提前告知消费者升级产品是否即将上市，也对企业有利。

德鲁和提洛（Drew & Tirole，1998）在莱文塔尔和普罗希（1989）研究的基础上也研究了一个垄断企业在推出升级产品时的定价策略问题。他们将商品分为两类：一类是类似于教科书那样拥有活跃二手市场和匿名消费者的商品；另一类是类似于软件那样没有二手市场，但是消费者能证明购买了该商品，以便在产品升级时能获得升级折扣的商品。分析结果表明：对于第一类商品，一旦新产品可用，垄断者应该要么选择生产，要么回购旧产品；而对于第二类商品，他们提出了一种方法帮助垄断企业确定何时该提供升级折扣。

除了产品的定价策略，一些学者也对升级产品的引入频率和时机进行了研究。菲什曼和罗伯（Fishman & Rob，2000）考虑了一个垄断耐用品企业周期性地引入升级产品的模型。研究发现：一方面，如果该垄断耐用品企业不能人为缩短其产品的寿命（即实施计划报废），也不能向老顾客提供升级折扣，那么与社会最优的升级速度相比，产品升级的速度太低；另一方面，如果该垄断耐用品企业能够人为地缩短其产品的耐用性，或向老顾客提供价格折扣，则可以提高其利润，同时实现社会最优利润。

在菲什曼和罗伯（2000）的基础上，苏扎（Souza，2004）进一步研究了一个双寡头如何在一个规模不变的市场中不断推出升级产品来争夺市场份额。他们把这个问题描述为一个重复博弈模型。在该博弈中，每个参与者在每个阶段的决策都引入一种升级产品。研究发现，在一般情况下，每个公司的产品引进频率随其固定产品引进成本的增加而降低。此外，还发现，更高的企业学习率会导致更高的产品引进频率和更高的市场份额，也会导致竞争对手的利润显著下降。他们的研究结果强调了制造业背景下产品升级的重要性。

另外一些学者在研究升级产品的引入时机时，将产能因素也考虑了进来。理查德等（Richard et al.，2020）分析了一个耐用品企业，必须不断调整其产能和销售策略，但只有在特定时间才会向市场推出升级产品时，应如何将连续时间运营规划与离散决策结合起来。升级产品虽然吸引了新客户，但为了能够生产升级产品，需要调整生产设施，从而降低可用生产能力。研究发现，旧产品的价格通常会随着时间的推移而下降，企业应该在引进升级产品后最大限度地提高其生产能力，因为潜在消费者的数量在那时是最大的；当前产能在升级产品生产过程中的使用程度对升级产品的推出时机以及资本存量水平具有非单调影响。

艾丽卡和王（Plambeck & Wang, 2009）以电子行业为背景，研究了电子废弃物管制法规对升级产品引进的影响。他们假设制造商决策升级产品的开发时间和成本，而开发时间和成本共同决定产品质量，并讨论了两种电子废弃物管制法规："出售即收费"和"处置后收费"。他们发现升级产品的价格随其质量和消费者对升级产品推出时间的理性预期而严格上涨。随着升级产品引入频率的降低，电子垃圾的数量减少，即使排除环境效益，社会福利也可能增加。消费者因为预期升级产品的使用时间更长而愿意支付更高的价格，这增加了制造商的利润。此外，"出售即收费"不能激励制造商进行可回收性设计；而"处置后收费"却可以做到。

国内也有一些学者研究了企业产品创新的策略。林贵华等（2021）在有政府干预旧产品回收的情况下研究了企业进行碳减排技术的投资问题。他们将旧产品再制造成再制造品的比率、政府对企业的单位回收补贴和政府对企业的强制回收量等作为关键因素，构建了由制造商、回收商、货运商、零售商和消费者市场的多阶段闭环供应链博弈模型。根据得到的均衡解他们发现，规划阶段数的增加能提升资源的利用和鼓励供应链上各成员对碳减排技术进行投资；旧产品的剩余价值决定了再制造比率；政府强制回收目标设置较低时，则补贴对回收商的激励效应增强。许敏和姚梦琪（2018）以长三角地区两省一市（江苏省、浙江省、上海市）268家制造业上市公司为研究样本，从客户价值主张、价值创造和价值实现三个维度建立指标体系，采用R&D投入强度衡量企业技术创新，比较分析了商业模式创新和技术创新对制造业绩效的影响，并引入产品市场竞争考察其调节作用。

　　还有一些学者从各种资源的投入对企业产品创新效果的影响也作出了一定研究。熊榆等（2013）通过将投入资源的多样性包含进来，结合资金投入和知识投入，综合考虑其对企业合作进行新产品研发的影响，构建了基于 Stackelberg 博弈的合作双方最优投入决策模型。他们主要研究了各种资源投入的组合是如何影响企业合作研发模式的形成，研究发现，不同的资源投入组合到合作形成有重要影响，只有当 Stackelberg 博弈领导者的收益比例更大时，才能同时投入资金和知识。霍沛军等（2002）则从企业分享研发技术的动机入手，主要研究了纵向溢出效应对供应链中各渠道成员利润的影响，并分析了企业在何种条件下才会分享研发中的技术。更多关于企业竞合关系与产品创新的研究可参照周杰（2018）。

2.2.2　产品兼容性设计的相关研究

　　许多行业的企业需要提供丰富的产品种类，以便更好地满足全球市场客户的多样化需求。虽然产品的多样性使企业能够制定更高的价格，但由于需要更专业的材料、工艺和质量控制，因此产品设计、开发和制造过程中的成本可能大幅上升，进而侵蚀企业的利润（Hau & Billington，1994）。一些产品兼容性设计技术，例如模块化产品设计已被用于缓解产品多样化带来的不利影响（Robertson & Ulrich，1998）。

　　采用兼容性设计的一大好处就是可以降低供应链成本，因为它可以降低库存成本并节省配送时间（Ulrich & Eppinger，2014）。刘和任（Lau & Yam，2005）调研了一家生产制造音乐消费电子产品的大型电子公司，并通过研究其模块化产品设计与供应链设计和协调之间的关系，考察其对供应链总成本的影响。研究结果表明，采用模块化产品设计的供应链比采用集成化产品设计的供应链要高一个层次，因为模块化产品设计需要对现有供应链进行重新配置；对于模块化和集成化产品设计，产品创新需要更多的供应链协调，因为市场上有传统产品模块或组件；而且产品模块化与紧密的供应链设计和协调降低了库存水平，提高了产品质量，缩短了开发周期。

与之类似，桑吉塔·雷和坎塔·雷（S Ray & K Ray，2011）通过对印度塔塔汽车公司的案例研究表明，现有组件和创新组件的结合可以构造模块化产品，满足印度市场的价格要求和创新需求。他们发现，与供应商就产品组件设计进行合作，并在设计阶段进行早期集成，可以大大降低成本。此外，这还能帮助汽车制造商去掉不必要的装饰，同时仍能加入大众市场所重视的功能。他们的工作表明，将供应商和客户整合到设计阶段是一种极为重要的管理策略。然而，他们的研究工作也有不足之处，即它完全基于印度的一个具体市场，所有数据都来自该市场，因此，总体结论局限于这个特殊市场的约束和需求。

鲍德温和克拉克（Baldwin & Clark，2000）以自行车传动系统为例，说明了产品架构、创新和产业结构之间的关系。除了拆分、替换、扩充、排除、反转和移植外，他们还在产品体系结构中添加了集成作为新的设计元素。传统观念认为，从长远来看，产品体系结构更倾向于模块化，案例研究表明，从长远来看，产品体系结构趋于一体化，相应的行业趋于垄断，这是因为一体化有利于行业竞争和盈利。他们的工作得出了关于模块化和长期行业竞争（以及利润）的明确结论，这给关于产品架构和竞争的讨论带来了新的关注。

除了降低生产成本外，产品模块化设计还可以提高制造系统的敏捷性，使制造系统具有高度定制化和产品开发时间短的特点。邱和西图姆德朗（Khoo & Situmdrang，2003）从产品模块化对装配设计的影响角度研究了这个问题。他们开发了一种免疫算法来解决模块化产品的装配设计问题。免疫算法基于自然免疫系统的原理，与启发式算法和遗传算法相比，在收敛趋势、近似最优解的分布和解的质量方面都更好。通过一个机械铅笔装配案例，他们证明了免疫算法在收敛性和计算量方面都优于传统的遗传算法和启发式算法。

安东尼奥等（Antonio et al.，2011）对模块化产品设计对企业竞争能力和绩效的影响进行了实证研究。他们将低价、产品质量、交付、灵活性和客户服务作为竞争能力的衡量，而这些因素都与公司利润直接相关。在他们后来的论文中，对这些因素——提出了相关假设，然后对数据进行回归建模。研究结论表明，产品模块化设计与低价和产品质量之间没有显著的正相关关系；产品模块化设计与交付、灵活性和客户服务之间存在正相关关系；交货期和灵活性与产品性能呈正相关关系；而低价、产品质量和客户服务之间没有显著的正相关关系。他们的这些实证研究确定了模块化产品设计与企业竞争能力和绩效之间的关系，这有助于管理者提高公司的竞争力和利润水平。

也有部分学者从营销的角度来研究模块化产品设计对产品线、产品引入时机、产品价格和产品创新的影响。基尔桑等（Kilsun et al.，2000）构建了一个模型来分析模块化产品的市场进入时机，并确定模块化的程度。他们使用模块化产品设计作为产品平台设计的一种方法，以提高不同产品种类之间的通用性。研究表明，更高的通用性将导致产品的同类化以及更低的成本，因为通用性虽然会降低生产成本，但也会使产品之间更难以区分。因此，模块化产品设计一方面虽然能通过降低成本增加企业的利润，另一方面也会导致不同产品种类之间的产品侵蚀效应。

霍普和徐（Hopp & Xu，2005）建立了一个数学模型来研究模块化产品设计对产品线长度和价格的影响。他们考虑了一个垄断市场，生产和分销不存在规模经济，可以通过共享组件来降低产品开发成本，并将运营总成本分为产品开发成本和生产成本，使用贝叶斯逻辑模型（Bayesian logic model）表示客户需求。研究发现，降低产品开发成本对这两条生产线和不同生产商的产品市场份额都有积极的影响。对于偏好风险的生产商而言，成本可能会增加产品线长度和市场份额。他们还注意到模块化程度和生产成本对价格上涨和市场份额的影响。具体来说，就是生产成本的降低必然促进产品最终价格上涨，于是，模块化程度的提高也会影响价格，而且会使得最终产品价格上涨。

拉马钱德兰和克里希南（Ramachandran & Krishnan，2008）提出了一个产品创新和模块化产品设计的模型，旨在帮助企业决策产品定价和频繁升级下的产品引入问题。他们将模块化产品架构和产品引入时间结合起来，通过考虑模块化产品安装和升级成本（这两者都属于产品开发成本）来最大化公司利润和降低客户成本。他们还定义了三种模块升级系统：专有模块升级系统（MP），表示客户必须从同一家公司购买升级和稳定的模块；非专有模块化升级系统（MN），表示客户可以在公开市场上从不同公司购买升级和稳定模块；专有集成系统，在此系统下，公司提供具有不可分割的升级和稳定模块的集成产品。通过考虑安装和升级成本，他们得出了这三种系统的最优价格公式。研究表明，产品创新和模块化产品设计的整合可能受到产品定价和产品升级安排的影响。

除了产品模块化设计外，另一种常见的产品兼容性技术则是共享产品通用组件。产品通用组件共享的文献主要讨论共享的驱动因素、必要性和重要性等。费希尔等（Fisher et al.，1999）通过实证研究了企业既要确保市场上产品的多样性，又要减少工厂中产品的组件数量而进行产品组件共享的驱动因素。他们以汽车行业里的制动盘为研究背景，将其组件分为A类和B类。A类组件对产品质量有直接的影响，B类组件对产品质量只有间接影响，丰田汽车也采用了类似分类。他们发现将组件分类能促进组件分享效果，而促使企业对制动盘进行产品组件共享的因素包括产品重量、销售量、固定成本、模具成本和可变成本。

接着，克里希南等（Krishnan et al.，1999）提出了一种基于模型的产品开发决策方法，该方法考虑了开发成本，并允许跨产品共享设计元素。在该模型中，产品族表示一组产品，这些产品的性能水平虽然彼此不同，但却共享一个通用的平台（从而共享设计元素）。公司需要在产品的总体系列开发阶段作出开发决策，首先根据估计的开发成本和需求共同选择产品平台和产品系列，然后再决策具体产品的开发顺序。研究发现，虽然开发一个具有更高可重用性的产品平台可能会需要更大的开发成本，但这却可以降低下游成本，即减少将先前开发的产品（性能较低）的设计与性能较高的新产品的设计相适应的工作量。因此高可重用性的通用产品平台利大于弊。随后斯坦顿等（Stanton et al.，2016）研究了产品设计如何通过产品原型和独特性的概念影响消费者的审美。研究发现，消费者虽然喜欢整个乘用车市场的原型设计模式，但更喜欢特定细分市场中的独特设计模式。

德赛等（Desai et al.，2001）建立了一个权衡了营销和制造的模型来分析可替代设计，他们假设市场上只有高端消费者和低端消费者。虽然所有的消费者都更看重高质量而不是低质量，但高端消费者比低端消费者在任意质量水平下都愿意支付更高的价格。他们还假设产品的总质量水平由两种关键产品组件确定。这两种组件中的一种可能在两种产品之间是通用的，或者作为两种产品中的不同组件。因此一共有三种不同的配置，即独有、高级通用、基本通用。研究发现，当企业从组件独有转向组件通用配置时，必须提高低质量产品的价格，降低高质量产品的价格。因此建议设计、制造和营销部门之间需要密切的协调，以全面评估通用组件的盈利能力，并就配置、组件质量和产品价格作出合理的决策。

2.3 本章小结

已有很多学者针对再制造环境下新产品与再制造品间的竞合关系、再制造的回收管理、企业产品创新的策略分别进行了研究，主要内容包括产品侵蚀问题、设施选址问题、回收模式选择、产品升级和产品兼容性设计技术等。但是关于再制造环境下产品创新策略的研究仍存在以下不足。

（1）以往关于再制造的文献通常没有考虑原始产品制造商的产品升

级策略，特别是当再制造分别由不同渠道成员承担时，这种升级策略的影响如何还不清楚。另外，现有关于产品创新策略的文献则没有讨论其对再制造品和新产品产品侵蚀问题的影响。通常情况下，企业为了获取超额利润而不断进行产品创新。但在再制造背景下，这类问题有了新的特征，再制造品和新产品之间不再是单纯的竞争关系，而变成了竞合关系。因此，很有必要将再制造背景与企业产品创新结合起来进行研究。

（2）在已有关于再制造环境下产品创新的文献中，大都没有考虑绿色消费者群体的影响。随着人们对环保的日益重视，现实中的绿色消费者群体越来越壮大，一些国家也颁布了很多法律法规迫使企业在产品的回收和再利用上承担责任。绿色消费者认为新产品和再制造品毫无差别，只会购买再制造品，这使得无论是原始产品制造商自己从事再制造还是外包给独立第三方再制造商，其再制造品都会与新产品发生产品侵蚀问题。因此，如何应对这部分绿色消费者群体，以及他们又会给原始产品制造商的产品创新策略带来什么变数，特别是原始产品制造商将再制造外包给第三方再制造商时的绩效如何等研究议题，都有待用理论来回答和指导。

（3）虽然传统观念认为企业在不同产品线中采用产品兼容性设计时，应平衡收入和成本（Heese et al.，2006），然而，在再制造环境中这却变得更复杂。例如，一些原始产品制造商希望将再制造外包给经过授权的再制造商，典型的例子包括 IBM 通过认证计划将其再制造外包给几家再制造商，再制造商的所有再制造产品都必须接受 IBM 工程师的检查。但在面对来自第三方再制造企业再制造产品的竞争时，一些原始产品制造商改变了其产品设计的策略，典型的例子包括利盟（Lexmark）公司降低了其产品的兼容度，以防止第三方再制造商回收通用组件进行再制造。这主要是由于再制造品的原料来源于前期的新产品，受前期新产品数量的限制，但却不受原始产品制造商的控制。因此，以往关于产品兼容性设计的经验和启示不能直接用于再制造环境。

综上所述，本书将针对现有研究的不足，主要从以下三个方面展开研究。首先从再制造分别由原始产品制造商和独立第三方再制造商承担时，研究原始产品制造商的产品升级策略，这部分内容与第 3 章相对应。其次引入绿色消费者群体，仍然在再制造活动分别由渠道中不同成员承担时，研究原始产品制造商的产品升级策略和绿色消费者群体的作用，这部分内容与第 4 章相对应。最后考虑产品创新策略为产品兼容性设计时，研究再制造分别由原始产品制造商自己从事或者外包给一个独立的第三方再制造商时，原始产品制造商在产品兼容度上的最优决策问题，同时还设计了一个收益分享合同和一个补贴激励机制来促使原始产品制造商将再制造业务外包，这部分内容与第 5 章相对应。

第 3 章　再制造环境下的产品升级策略研究

近年来全球商业界对可持续发展的兴趣急剧增加，许多原始产品制造商已经将再制造视为其商业模式中不可或缺的一部分（Toffel，2003）。尽管再制造有利可图，但消费者通常认为再制造品的价值比新产品要低15.3%（Guide et al.，2010）。更糟糕的是，许多消费者将廉价的再制造品与原始产品制造商的品牌联系起来，使其品牌形象受损（Zhou et al.，2021）。因此，许多原始产品制造商自己不进行再制造，而是将再制造业务外包给独立的第三方再制造商（Xiong et al.，2013）。根据美国再制造业的一项调查，原始产品制造商仅占整个再制造业公司总数的一小部分（约6%），庞大的第三方再制造商每年的再制造业务能创造 1 亿多美元的价值（Xu et al.，2021）。中国也在 2008 年开始实施汽车零部件再制造试点计划，支持许多第三方再制造商从事汽车零部件的再制造（Zhang et al.，2020）。显而易见，原始产品制造商将再制造外包给第三方再制造商，由于此时的产品侵蚀不受原始产品制造商的控制等原因，原始产品制造商的新产品可能面临着更为严重的产品侵蚀问题（Alegoz et al.，2021）。

因此，无论再制造业务是由原始产品制造商进行还是外包给第三方再制造商，再制造品都会侵蚀新产品的市场份额。为此，许多原始产品制造商推出升级产品策略，将升级产品与再制造品作最大的质量水平区分，从而缓解潜在的产品侵蚀问题（Yin et al.，2010）。更为具体地，许多原始产品制造商通常会通过发布更新版本来降低再制造设备的价值，进而提升新产品与再制造品之间的区分程度。例如，许多第三方汽车修理厂从事再制造业务，再制造汽车零部件正成为新汽车零部件更具竞争力的替代品。为了应对这类再制造品的侵蚀问题，每年汽车产品制造商都会升级汽车产品或推出新款车型。

那么产品升级战略是否影响再制造业务的最佳决策呢？如果是，其具体影响结果如何呢？从经济角度直观地看，产品升级策略似乎减少了新产品的相互侵蚀，而对原始产品制造商有利。然而，从环境可持续性的角度来看，产品升级决策的含义尚不清楚。为了对上述问题有一个更为透彻的理解，本章首先构建两个模型（模型 O 和模型 T）。在模型 O 中原始产品制造商自己从事再制造；而在模型 T 中再制造则被外包给一个独立的第三方再制造商，原始产品制造商再向第三方再制造商收取一定的再制造授权费。其次比较模型 O 和模型 T 在新/再制造品最优生产数量、经济表现、环境可持续性和产品升级激励方面的差异。具体包括以下差异。

（1）模型 O 和模型 T 在产品升级的激励方面是否存在差异？

（2）从经济角度看，哪种策略对 OEM 和 TPR 更有利？

（3）从可持续发展的角度来看，哪种战略对环境更有利？

（4）产品升级策略对相关决策主体的最优决策方面的影响如何？

如前所述，本章主要贡献有两点：一方面，尽管再制造运作管理关注了环境可持续性问题，并进行了充分研究，例如，具体参见斯瓦米纳坦（2006），但产品升级策略如何影响环境可持续问题尚不清楚。因此，分别在原始产品制造商和第三方再制造商从事再制造情形下的，探讨原始产品制造商的产品升级问题，从而对现有再制造运作管理中环境可持续性问题向产品升级策略方面延伸。另一方面，即使许多研究人员强调了各种环境下的产品升级策略，例如，具体参见克拉斯托林等（2016）和熊等（Xiong et al.，2016），原始产品制造商的产品升级策略对再制造均衡策略的影响却并不明了。因此，将现有产品升级策略文献扩展到考虑分别由原 OEM 和/或 TPR 进行再制造等不同再制造情形下，原始产品制造商的产品升级策略如何影响再制造最优策略选择。

　　本章后续的结构安排为：3.1 节为模型描述；3.2 节是原始产品制造商自己从事再制造时的决策问题（模型 O）；3.3 节则研究原始产品制造商将再制造业务外包给一个独立的第三方再制造商时的决策问题（模型 T）；3.4 节将模型 O 与模型 T 在新/再制造品最优生产数量、产品升级激励、经济表现和环境可持续性四个维度下作比较，讨论原始产品制造商产品升级策略所起的作用，并给出相关管理启示；3.5 节用数值实验将最优策略可视化，形象地展示各定理的主要内容；3.6 节对本章进行总结。

3.1　模　型　描　述

　　实际上从产品研发到投入市场需要很长的一段提前期，因此借鉴李等（Li et al.，2018）、阿塔苏和苏扎（Atasu & Souza，2013），假设在博弈的第 1 阶段原始产品制造商决策是否对产品进行升级；而在博弈的第 2 阶段原始产品制造商决策给第三方再制造商的再制造授权费 f，接着再同时确定新产品和再制造品的最优生产数量 q_n 和 q_r。与费雷尔和斯瓦米纳坦（2010）、萨瓦斯坎等（2004）类似，假设了原始产品制造商在第 1 阶段能决策是否对产品进行升级，如果原始产品制造商在研发上不投入，则第 2 阶段市场上只有原有新产品；而如果原始产品制造商决定投入资金进行研发，第 2 阶段市场上就会有质量更好的升级产品。因此，考虑了再制造后市场上的产品只有两类：一是新产品（如果原始产品制造商不投资于研发则是一般新产品，否则是升级产品）；二是新产品变旧后被再制造的再制造品。与班克等（Banker et al.，1998）和哈等（Ha et al.，2015）类似，假设升级产品与一般新产品存在垂直的质量差异。如果原始产品制造商引入了升级产品，则会将消费者对产品的估值提高到 $\theta = 1 + \delta$，其中 $\delta > 0$ 表示升级产品与一般新产品的质量差异。另外，注意这里一般新产品的质量已被标准化为 1。

假设投资于产品升级的费用函数是一个凸函数 $K(\theta - 1)^2/2$。类似结构的费用函数在产品研发和质量改进文献中已被广泛使用（Atasu & Souza，2013；Vives，2008；Yin et al.，2010）。从费用函数可以看出，如果原始产品制造商不进行产品升级，一般新产品的质量为 $\theta = 1$，相应的研发费用为 0。为了凸显制造和再制造在成本上的不同，与邹等（Zou et al.，2016）和熊（2013）类似，假设新产品的生产成本是 c_n，再制造品的生产成本是 c_r。由于实际中再制造的成本通常要远远低于制造新产品，为了方便分析与魏等（Wei et al.，2015）类似，进一步假设再制造品的生产成本相对新产品可以忽略不计，即 $c_n = c > c_r = 0$。需要指出的是，为了表征再制造成本低于制造成本，有许多再制造文献，包括丹尼尔等（Daniel et al.，2002）、石纯来等（2021）和邹等（2016），均采取了类似的成本简化形式。如果放松该假设，即 $c_n = c > c_r > 0$，于是本书的主要结论将建立在再制造成本的可行范围，因为该简化不影响本书的主要结论（Wei et al.，2015）。

考虑到消费者对新产品和再制造品的支付意愿通常是不一致的，因此定义参数 v_n 表示消费者对新产品的估值，v_n 均匀分布在 0 ~ 1。与邹等（2016）、熊（2013）和银等（Yin et al.，2010）类似，类型为 v_n 的消费者购买新产品的净效用同时依赖于其对新产品的估值和价格，即 $U_n = \theta v_n - p_n$。

在第 2 阶段，市场上新产品和再制造品同时存在。为了刻画他们的产品侵蚀效应，与奥斯德米尔等（Oersdemir et al.，2014）和魏等（2015）类似，假设消费者对再制造品的估值为 kv_n，其中 $0 \leq k \leq 1$ 是消费者对再制造品的价值折扣。因此类型为 v_n 的消费者购买再制造品的净效用就为 $U_r = kv_n - p_r$。于是，可以获得两个效用无差异点：（1）部分消费者在购买新产品和再制造品之间没有差异，即 $U_n = \theta v_n - p_n = U_r = kv_n - p_r$ ；（2）部分消费在购买再制造品与不购买产品之间没有差异，即 $U_r = kv_n - p_r = 0$ 。基于消费者对新产品和再制造品的效用无差异点和消费者在再制造品与不购买产品之间的效用无差异点，可以推导出他们的逆需求函数分别为

$$p_n = \theta(1 - q_n) - kq_r$$
$$p_r = k(1 - q_n - q_r) \qquad (3-1)$$

式（3-1）中新产品逆需求函数 p_n 的表达式里的参数 $\theta = 1 + \delta$ 。其中，$\delta \geq 0$ 表示一般新产品和升级产品的质量区别。当 $\delta = 0$ 时，就是一般新产品；而当 $\delta > 0$ 时，表明，原始产品制造商对新产品进行了升级，进而导致新产品质量有所提升。需要指出的是，$\delta > 0$ 越大，表明制造商对新产品的升级程度越大，进而导致新旧产品之间的区别越大。

本章所用到的参数及其含义见表 3-1。

表 3-1 主要参数及其含义

参数	含义
c_n	新产品的生产成本
c_r	再制造品的生产成本
K	产品升级成本的比例系数
k	再制造品的价值折旧
f	向独立第三方再制造商收取的再制造授权费
θ	一般新产品和升级产品的质量区别
q_n^j	模型 $j \in \{O, T\}$ 下新产品的生产数量
q_r^j	模型 $j \in \{O, T\}$ 下再制造品的生产数量
π_o^j	模型 $j \in \{O, T\}$ 原始产品制造商的利润
π_t^j	模型 $j \in \{O, T\}$ 第三方再制造商的利润
e^j	模型 j 下的环境影响

3.2 原始产品制造商从事再制造（模型 O）

从再制造当前的实践来看，为了获得再制造的丰厚回报，部分原始产品制造商自己，包括影印设备制造商 Xerox 和飞机制造商 Boeing 公司等，在从事新产品生产的同时，投入再制造品的活动。如图 3 – 1 所示，在构建模型 O 中，原始产品制造商既从事新产品升级，也承担再制造产品的生产。如前所述，假设原始产品制造商在第 1 阶段能决策是否对产品进行升级。如果原始产品制造商在研发上不投入，则第 2 阶段市场上只有原有新产品；而如果原始产品制造商决定投入资金进行研发，第 2 阶段市场上就会有质量更好的升级产品。因此，在第 2 阶段市场上的产品有两类：一是新产品（如果原始产品制造商不投资于研发则是一般新产品，否则是升级产品）；二是废弃后的新产品被再制造的再制造品。

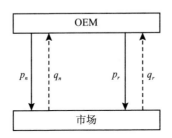

图 3 – 1 模型 O

需要指出的是，在模型 O 中，原始产品制造商在进行产品升级决策的同时，又将对第 1 周期的废旧产品回收并进行再制造处理。于是，在模型 O 中，原始产品制造商的决策顺序如下：在第 1 阶段，原始产品制造商在进行产品升级决策；在第 2 阶段，在作出产品是否升级的决策后，原始产品制造商将分别对新产品和再制造进行最优产量的决策。

定义 π_i^j 表示决策者 $i \in \{o, t\}$ 在模型 $j \in \{O, T\}$ 里的利润,下标 $i \in \{o, t\}$ 分别代表原始产品制造商和第三方再制造商,而上标 $j \in \{O, T\}$ 则分别表示模型 O 和模型 T。在模型 O 中所有的新产品和再制造品都由原始产品制造商提供,博弈顺序如下:第 1 阶段原始产品制造商决策是否投资于产品升级;第 2 阶段原始产品制造商再确定新产品和再制造品的最优生产数量 q_n 和 q_r。

由于此时新产品和再制造品均由原始产品制造商提供,因此,其决策问题可以表述为

$$\max_{q_n, q_r} \pi_o^O(\theta, q_n, q_r) = (p_n - c)q_n + p_r q_r - \frac{K(\theta - 1)^2}{2} \qquad (3-2)$$

式(3-2)右边的第一项是原始产品制造商销售新产品利润,而第二项是其从事再制造的利润,最后一项是投资于产品研发的潜在成本。

为了分析产品升级对均衡结果的影响,需要比较原始产品制造商在投资或者不投资产品研发下的利润。为此将式(3-1)中新产品和再制造品的逆需求函数代入式(3-2),则原始产品制造商的决策问题可以被改写为

$$\max_{q_n, q_r} \pi_o^O(\theta, q_n, q_r) = (\theta(1 - q_n) - kq_r - c)q_n + k(1 - q_n - q_r)q_r$$

$$- \frac{K(\theta - 1)^2}{2}$$

可得上述方程的海塞矩阵为

$$\mathbf{H}_2 = \begin{vmatrix} \dfrac{\partial^2 \pi_o^O}{\partial q_n^2} & \dfrac{\partial^2 \pi_o^O}{\partial q_n \partial q_r} \\[3mm] \dfrac{\partial^2 \pi_o^O}{\partial q_r \partial q_n} & \dfrac{\partial^2 \pi_o^O}{q_r^2} \end{vmatrix} = \begin{vmatrix} -2\theta & -2k \\ -2k & -2k \end{vmatrix}$$

由于 $\theta \geq 1$,$0 < k < 1$,上述一阶海塞矩阵 $\mathbf{H}_1 < 0$,二阶海塞矩阵 $\mathbf{H}_2 = 4k(\theta - k) > 0$。即,总存在最优生产数量 q_n 和 q_r,使得上述方程有最大

值。由此，利用一阶偏导法可以得到原始产品制造商生产新产品和再制造品的最优数量分别为

$$q_n^{O*} = \frac{\theta - k - c}{2(\theta - k)}$$

$$q_r^{O*} = \frac{\theta - k}{2c}$$

将新产品和再制造品的最优生产数量代回原始产品制造商的利润函数，可以得到其最优利润为

$$\pi_o^{O*} = \frac{\theta^2 + c^2 + 2\theta c - 2\theta c - \theta k}{4(\theta - k)} - \frac{K(\theta - 1)^2}{2}$$

令 $\pi_o^{O*}(\theta = 1) = \pi_o^{O*}(\theta = 1 + \delta)$，可以看出产品升级的费用存在一个阈值 $K^O = \frac{\theta + k^2 - \theta k - k - c^2}{2(\theta - 1)(\theta - k)(1 - k)}$，当 $K < K^O$ 时原始产品制造商显然更喜欢 $\theta = 1 + \delta$，即此时原始产品制造商会在第 1 阶段投资于产品升级；而当 $K > K^O$ 时，结果正好相反。

模型 O 中原始产品制造商所有的最优决策和利润都列在表 3 - 2 中。

表 3 - 2　原始产品制造商进行再制造（模型 O）的最优决策和利润

函数	公式
最优新产品数量	$q_n^{O*} = \frac{\theta - k - c}{2(\theta - k)}$
最优再制造品数量	$q_r^{O*} = \frac{\theta - k}{2c}$
最优利润	$\pi_o^{O*} = \frac{\theta^2 + c^2 + 2\theta c - 2\theta c - \theta k}{4(\theta - k)} - \frac{K(\theta - 1)^2}{2}$
K 的阈值	$K^O = \frac{\theta + k^2 - \theta k - k - c^2}{2(\theta - 1)(\theta - k)(1 - k)}$

3.3　第三方再制造商从事再制造（模型 T）

尽管再制造有利可图，但消费者通常认为再制造品的价值比新产品要低 15.3%（Guide et al.，2010）。为保护品牌价值，避免从事再制造品生产造成品牌形象受损（Zhou et al.，2021），许多原始产品制造商将再制造业务外包给独立的第三方再制造商（Xiong et al.，2013）。

基于该实践背景，如图 3 - 2 所示，假设市场上有一个原始产品制造商在生产新产品，他能决策是否对新产品进行升级投资。此外，他还将再制造业务外包给第三方制造商。即，与模型 O 不同，在模型 T 中再制造业务被外包给一个独立的第三方再制造商。该模型的博弈顺序如下：第 1 阶段原始产品制造商决策是否投资于产品升级；第 2 阶段原始产品制造商确定给第三方再制造商的再制造授权费 f，接着原始产品制造商和第三方再制造商同时决策新产品和再制造品的最优生产数量 q_n 和 q_r。

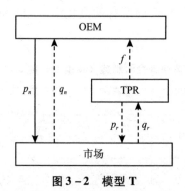

图 3 - 2　模型 T

因此，第 2 阶段原始产品制造商和第三方再制造商的决策问题分别为

$$\max_{f, q_n} \pi_o^T = (p_n - c) q_n + f q_r - \frac{K(\theta - 1)^2}{2}$$

$$\max_{q_r} \pi_t^T = (p_r - f) q_r \qquad (3-3)$$

原始产品制造商可以通过再制造外包而获得授权收益为 fq_r，这符合当前企业管理实践。例如，IBM 公司就建立了针对第三方再制造计划：IBM 公司允许第三方对其产品进行再制造翻新，但任何一件再制造后的产品要进入市场，必须先通过 IBM 公司的检测并贴上授权封条（Huang & Wang，2017）。而且，基于这一管理实践，石纯来等（2021）也采取了相同假设。

将式（3-1）代入式（3-3）可得上述方程均为最优生产数量 q_n 和 q_r 的倒 U 型二次函数，因此由一阶条件联立求解可得新产品和再制造品的最优生产数量分别为

$$q_n^{T*}(f) = \frac{2\theta - k + f - 2c}{4\theta - k}$$

$$q_r^{T*}(f) = \frac{ck + k\theta - 2\theta f}{k(4\theta - k)}$$

将 q_n^{T*} 和 q_r^{T*} 代入原始产品制造商的利润函数，并对 f 使用一阶条件可以得到最优授权费为

$$f^* = \frac{8\theta^2 - 3\theta k - ck}{2\theta(8\theta - 3k)k}$$

将 q_n^{T*}、q_r^{T*} 和 f^* 代入原始产品制造商和第三方再制造商的利润函数可以得到他们的最优利润分别为

$$\pi_o^{T*} = \frac{8\theta^3 - 16\theta^2 c - 3\theta^2 k + 8\theta c^2 + 6\theta kc + kc^2}{4\theta(8\theta - 3k)} - \frac{K(\theta-1)^2}{2}$$

$$\pi_t^{T*} = \frac{4c^2 k}{4(8\theta - 3k)^2}$$

令 $\pi_o^{T*}(\theta = 1) = \pi_o^{T*}(\theta = 1 + \delta)$，可知产品升级的费用存在一个阈值，即

$$K^T = \frac{64\theta^2 - 24\theta^2 k - 64\theta c^2 + 9\theta k^2 - 8\theta c^2 k - 24\theta k - 8c^2 k + 3c^2 k^2}{2\theta(\theta-1)(8\theta-3k)(8-3k)}$$

当 $K < K^T$ 时，原始产品制造商更喜欢 $\theta = 1 + \delta$，即此时原始产品制造商会在第 1 阶段投资于产品升级；而当 $K > K^T$ 时，原始产品制造商在第 1 阶段将不进行新产品升级投资。

模型 T 中原始产品制造商和第三方再制造商所有的最优决策和利润都列在表 3 – 3 中。

表 3 – 3　　　第三方再制造商进行再制造（模型 T）的最优决策和利润

函数	公式
最优新产品数量	$q_n^{T*} = \dfrac{8\theta^2 - 8\theta c - 3\theta k + ck}{16\theta^2 - 6k\theta}$
最优再制造品数量	$q_r^{T*} = \dfrac{8\theta - 3k}{2c}$
最优授权费	$f^* = \dfrac{8\theta^2 - 3\theta k - ck}{2\theta(8\theta-3k)k}$
原始产品制造商的最优利润	$\pi_o^{T*} = \dfrac{8\theta^3 - 16\theta^2 c - 3\theta^2 k + 8\theta c^2 + 6\theta kc + kc^2}{4\theta(8\theta-3k)} - \dfrac{K(\theta-1)^2}{2}$
第三方再制造商的最优利润	$\pi_t^{T*} = \dfrac{4c^2 k}{4(8\theta-3k)^2}$
K 的阈值	$K^T = \dfrac{64\theta^2 - 24\theta^2 k - 64\theta c^2 + 9\theta k^2 - 8\theta c^2 k - 24\theta k - 8c^2 k + 3c^2 k^2}{2\theta(\theta-1)(8\theta-3k)(8-3k)}$

3.4　模　型　分　析

3.2 节和 3.3 节给出了再制造品分别由原始产品制造商和第三方再制造商生产时的均衡结果，本节比较这些均衡结果的差异，并回答 1.2 节提出的问题。为此，首先比较新产品和再制造品最优生产数量的差异；其次探讨这种差异对原始产品制造商产品升级激励的影响；再次给出这种差异对原始产品制造商和第三方再制造商经济表现和环境可持续性的启示；最后聚焦于原始产品制造商产品升级决策在整个博弈中的作用。

3.4.1 最优数量的比较

通过比较表 3 - 2 和表 3 - 3 新产品和再制造品的最优生产数量，可以得到以下定理。

定理 3 - 1 原始产品制造商自己从事再制造时的最优新（再制造）产品生产数量总是低于（高于）将再制造业务外包给第三方再制造商，即 $q_n^{O*} < q_n^{T*}$（$q_r^{O*} > q_r^{T*}$）。

证明： 此时模型 O 和模型 T 下，新产品的最优生产数量分别为

$$q_n^{O*} = \frac{\theta - k - c}{2(\theta - k)}$$

$$q_n^{T*} = \frac{8\theta^2 - 8\theta c - 3\theta k + ck}{16\theta^2 - 6k\theta}$$

要证明 $q_n^{O*} < q_n^{T*}$，即要证明 $q_n^{T*} - q_n^{O*} = \frac{ck(6\theta - k)}{2\theta(8\theta - 3k)(\theta - k)} > 0$。对于任意的 $\theta \geq 1 > k > 0$，可以很容易地看出 $6\theta - k > 0$、$8\theta - 3k > 0$ 和 $\theta - k > 0$。因此 $q_n^{T*} - q_n^{O*} > 0$ 总是成立的。

而再制造品的最优生产数量分别为

$$q_r^{O*} = \frac{\theta - k}{2c}$$

$$q_r^{T*} = \frac{8\theta - 3k}{2c}$$

而要证明 $q_r^{O*} > q_r^{T*}$，即要证明 $q_r^{O} - q_r^{T} = \frac{c(k + 4\theta)}{2(\theta - k)(8\theta - 3k)} > 0$。对于任意的 $\theta \geq 1 > k > 0$，也可以很容易地看出 $k + 4\theta > 0$、$8\theta - 3k > 0$ 和 $\theta - k > 0$。因此 $q_r^{O*} > q_r^{T*}$ 总是成立的。

证毕。

在模型 O 中所有的新产品和再制造品都由原始产品制造商生产，而在模型 T 中新产品由原始产品制造商生产，再制造品则由第三方再制造商提供。定理 3 - 1 指出原始产品制造商自己从事再制造时会生产更多数量的再制造品。这主要有两个原因：（1）当再制造由原始产品制造商自己承担时，经典的双边际效应再次出现，导致此时自己从事再制造比把再制造业务外包出去更有利可图。因此，虽然过多的再制造品会侵蚀新产品的市场，但原始产品制造商仍将忽视这种产品侵蚀现象，反而向市场提供更多数量的再制造品。（2）如果新产品由原始产品制造商生产，再制造品由第三方再制造商提供，销售再制造品的边际收益相比销售新产品就会更低。因此，原始产品制造商会生产更多数量的新产品与第三方再制造商的再制造品竞争，以降低潜在的产品侵蚀现象。

而对于模型 O 中新产品的数量比模型 T 更少则可以作以下解释：由于把再制造业务外包出去比自己从事再制造时再制造品的数量更少，这意味着模型 O 中新产品的潜在市场规模比模型 T 相对要小，于是原始产品制造商自己从事再制造时就会提供更少的新产品。

3.4.2 产品升级激励的比较

通过比较表 3 - 2 和表 3 - 3 中 K 的两个阈值，可以得到再制造品分别由原始产品制造商和第三方再制造商生产时，第 1 阶段原始产品制造商产品升级激励的差异，总结为定理 3 - 2。

定理 3 - 2　当再制造业务被外包给第三方再制造商时，原始产品制造商总是有更高的激励进行产品升级，即 $K^{O} < K^{T}$。

证明：此时模型 O 和模型 T 下，产品升级成本的比例系数分别为

$$K^{O} = \frac{\theta + k^{2} - \theta k - k - c^{2}}{2(\theta - 1)(\theta - k)(1 - k)}$$

$$K^T = \frac{64\theta^2 - 24\theta^2 k - 64\theta c^2 + 9\theta k^2 - 8\theta c^2 k - 24\theta k - 8c^2 k + 3c^2 k^2}{2\theta(\theta-1)(8\theta-3k)(8-3k)}$$

因此

$$K^T - K^O = \frac{c^2 k(32\theta^2 + 32\theta - 36k\theta + 8k - 11k^2 + 3k^3 - 11\theta k^2 + 8k\theta^2)}{2\theta(\theta-1)(\theta-k)(k-1)(8\theta-3k)(3k-8)}$$

又由于此时 $\theta \geqslant 1 > k > 0$，所以分子上的 $32\theta^2 + 32\theta - 36k\theta - 11k^2 - 11\theta k^2 > 0$、分母上的 $\theta - 1 > 0$、$\theta - k > 0$、$(k-1) < 0$ 和 $(3k-8) < 0$ 同时成立。因此分子分母都大于零，可以很容易地得到 $K^O < K^T$ 总是成立的。

证毕。

定理 3-2 表明当原始产品制造商把再制造业务外包出去时，他总是有更高的意愿投资于产品研发。该现象可以作以下的解释：由于第三方再制造商是一个独立的成员，他只会考虑如何从再制造中来最大化自己的收益，因此潜在的产品侵蚀现象就不能忽视。面对第三方再制造商再制造品的激烈竞争，原始产品制造商为了最大化自己的收益就不得不在产品研发上投入资金，提高产品质量，以此来将自己的升级产品与再制造品进行最大限度的区分，在一定意义上恢复自己的垄断溢价。

定理 3-2 揭示的这种重要现象可以被称为"逃避竞争"效应。这个效应阿罗（Arrow，1962）也有过描述。他指出创新者更可能通过进一步创新来保护自己的知识产权，因为这使他们不仅能逃避竞争带来的负面效应，而且可以使他们获得一种额外的垄断利润。然而与阿罗（1962）不同的是，本章原始产品制造商的产品升级决策是在面临第三方再制造品激励竞争时作出的。

3.4.3 经济表现的比较

本节比较原始产品制造商在模型 O 和模型 T 中经济表现的差异，并解答从经济视角来看，原始产品制造商自己进行再制造还是将再制造外包给第三方再制造商更有利可图。

定理 3 - 3 将再制造业务外包给第三方再制造商对原始产品制造商的利润总是不利的，即 $\pi_o^{T*} < \pi_o^{O*}$。

证明：模型 O 和模型 T 中，原始产品制造商的利润分别为

$$\pi_o^{O*} = \frac{\theta^2 + c^2 + 2\theta c - 2\theta c - \theta k}{4(\theta - k)} - \frac{K(\theta - 1)^2}{2}$$

$$\pi_o^{T*} = \frac{8\theta^3 - 16\theta^2 c - 3\theta^2 k + 8\theta c^2 + 6\theta kc + kc^2}{4\theta(8\theta - 3k)} - \frac{K(\theta - 1)^2}{2}$$

因此

$$\pi_o^{O*} - \pi_o^{T*} = \frac{c^2 k(4\theta + k)}{4(\theta - k)\theta(8\theta - 3k)}$$

又由于此时 $\theta \geqslant 1 > k > 0$，所以 $\theta - k > 0$ 和 $8\theta - 3k > 0$。因此将再制造业务外包给第三方再制造商对原始产品制造商的利润总是不利的，即 $\pi_o^{T*} < \pi_o^{O*}$。

证毕。

传统观点认为将再制造业务外包给第三方再制造商对原始产品制造商的利润通常不利（Oersdemir et al.，2014），定理 3 - 3 的结论也与此相符。原因在于模型 O 中，新产品和再制造品都由原始产品制造商生产；在模型 T 中只有新产品由原始产品制造商生产，再制造品由第三方再制造商生产。因此原始产品制造商在模型 O 中是一个垄断者，而在模型 T 中他还得面临第三方再制造商再制造品的激励竞争。这导致在模型 T 中虽然原始产品制造商生产的新产品数量更多，但同时也降低了其边际收益。此外，从增加的新产品销售得到的利润不够补偿再制造品对其新产品造成的利润侵蚀，于是原始产品制造商的利润更低。

3.4.4 环境可持续性的比较

本节将聚焦于环境可持续性，并解答到底是原始产品制造商自己从事

再制造还是将再制造业务外包出去对环境更有利。

尽管有很多方法可以被用来衡量环境可持续性，但生命周期评估法是最常用的。生命周期评估法被定义为"对一个产品系统整个生命期间的输入、输出和潜在的环境影响进行汇编和评估"，它考虑了从原材料采购到产品生命期结束的所有阶段的环境影响（Krishnan et al.，1999；Banker et al.，1998）。关于生命周期评估在再制造领域的详细文献综述可以参考苏哈里亚托等（Suhariyanto et al.，2017）和小布瓦等（Petit-boix et al.，2017）。

与阿塔苏和苏扎（2013）、李等（2021）类似，本章采用 e_n、e_u、e_r 和 e_d 分别表示产品在制造、使用、再制造和废弃处理中的环境影响；用 i_n、i_u、i_r 和 i_d 分别表示单位产品在制造、使用、再制造和废弃处理中的环境影响。由于再制造延伸了新产品的生命周期，降低了废弃物处理量，因此单位再制造品在废弃物处理中的环境影响比新产品要小，即 $i_n > i_r$。令 $e^T(e^O)$ 表示模型 T（O）的环境总影响，可以得到以下定理。

定理 3 - 4 当且仅当 $\theta > \theta_1$ 时，将再制造业务外包给第三方再制造商对环境更有利，即 $e^O > e^T$；否则原始产品制造商自己从事再制造对环境更有利。

证明： 产品在制造、使用、再制造和废弃处理中的环境总影响为

$$e = e_n + e_u + e_r + e_d = i_n q_n + i_u (q_n + q_r) + i_r q_r + i_d q_n$$

环境总影响只与新/再制造品的最优生产数量有关，而模型 O 和模型 T 中，新/再制造品的最优生产数量分别为

$$q_n^{O*} = \frac{\theta - k - c}{2(\theta - k)}, \quad q_n^{T*} = \frac{8\theta^2 - 8\theta c - 3\theta k + ck}{16\theta^2 - 6k\theta}$$

$$q_r^{O*} = \frac{\theta - k}{2c}, \quad q_r^{T*} = \frac{8\theta - 3k}{2c}$$

将新/再制造品的最优生产数量代入环境总影响的公式，可分别得到

模型 O 和模型 T 中的环境总影响分别为

$$e^T = \cfrac{\begin{aligned}8i_n\theta^2 - 8i_nc\theta - 3i_nk\theta + i_nck + 8i_u\theta^2 - 4i_uc\theta - 3i_uk\theta + i_uck \\ + 4i_rc\theta + 8i_d\theta^2 - 8i_dc\theta - 3i_dk\theta + i_dck\end{aligned}}{16\theta^2 - 6ku}$$

$$e^O = \frac{i_u\theta - i_nk + i_n\theta - i_nc - i_uk + i_rc - i_dk + i_d\theta - i_dc}{2(\theta - k)}$$

则

$$e^O - e^T = \frac{4i_u\theta^2 - 6i_nk\theta - 5i_uk\theta + i_r\theta k - 6i_dk\theta + i_nk^2 + i_uk^2 + 4i_r\theta^2 + i_dk^2}{2c\theta(3k - 8\theta)(\theta - k)} = 0$$

令 $e^O - e^T = 0$ 可知 θ 存在一个阈值:

$$\theta_1 = \frac{\begin{aligned}(5i_u + 6i_d - i_r + 6i_n + \\ \sqrt{9i_u^2 + 44i_ui_d + 36i_d^2 + 44i_ui_n + 72i_di_n + i_r^2 + 36i_n^2 - 26i_ri_u - 28i_ri_d - 28i_ri_n})k\end{aligned}}{8(i_u + i_r)}$$

当 $\theta > \theta_1$ 时,$e^O - e^T > 0$,即将再制造业务外包给第三方再制造商对环境更有利;而当 $\theta < \theta_1$ 时,$e^O - e^T < 0$,即原始产品制造商自己从事再制造对环境更有利。

证毕。

传统观点认为再制造节省了原材料,因此对环境更友好(Wei et al.,2015;Xiong et al.,2013)。然而定理 3 - 4 表明,这种逻辑忽视了一个关键点:为了获得更多的旧产品进行再制造,原始产品制造商可能生产过量的新产品和再制造品。特别是当原始产品制造商自己从事再制造时,其都会过量生产新产品和再制造品,即 $q_n^O + q_r^O > q_n^T + q_r^T$,这会导致模型 O 中消费者使用产品(无论是新产品还是再制造品)产生的环境影响更大。此外,再制造过程产生的环境影响在模型 O 中同样更大。当 $\theta > \theta_1$ 时,这两种环境影响加在一起超过了新产品生产和废弃处理中的环境影响,导致在模型 O 中的总环境影响比模型 T 更大,即 $e^O > e^T$。

值得注意的是，定理 3 - 3 表明原始产品制造商自己从事再制造的收益比将再制造业务外包给第三方再制造商更高。这是因为此时原始产品制造商生产了更多数量的再制造品（由定理 3 - 1 可知）。而定理 3 - 4 则指出，对再制造进行过度激励并不总是对环境有利，这与张等（Zhang et al.，2020）的观点一致。张等（2020）认为从环境的角度来看，尽管再制造在边际收益上有利可图，在资源的总消耗上可能有害，需要指出的是，尽管原因与此类似，但本章的模型假设与张等（2020）完全不同。例如，张等（2020）没有考虑将再制造外包给第三方再制造商时原始产品制造商可能的产品升级决策。

上述经济表现和环境可持续性目标上的不一致给管理者的启示是：如果只考虑经济表现，则自己从事再制造比把再制造业务外包出去要好；相反从政策制定者的角度而言，企业把再制造业务外包出去对环境要更好。因此在实际中没有必要过度鼓励企业自己进行再制造。

3.4.5　产品升级的作用

3.4.2 节至 3.4.4 节已经分析了产品升级激励、经济表现和环境可持续性的差异。本节将分析原始产品制造商产品升级决策的作用，可得以下定理。

定理 3 - 5　随产品升级程度的增加，模型 O 和模型 T 中经济表现的差异减小；与之相反，环境可持续性的差异随产品升级程度的增加而增加。

证明： 模型 O 和模型 T 中，原始产品制造商的利润分别为

$$\pi_o^{O*} = \frac{\theta^2 + c^2 + 2\theta c - 2\theta c - \theta k}{4(\theta - k)} - \frac{K(\theta - 1)^2}{2}$$

$$\pi_o^{T*} = \frac{8\theta^3 - 16\theta^2 c - 3\theta^2 k + 8\theta c^2 + 6\theta k c + k c^2}{4\theta(8\theta - 3k)} - \frac{K(\theta - 1)^2}{2}$$

因此

$$\frac{\partial(\pi_o^{O^*}-\pi_o^{T^*})}{\partial\theta}=\frac{c^2k(22\theta k^2+20\theta^2k-64\theta^3-3k^3)}{4(\theta-k)^2\theta^2(8\theta-3k)^2}$$

对于任意的 $\theta\geq 1>k>0$，可知分子上的 $22\theta k^2+20\theta^2k-64\theta^3-3k^3<0$，分母大于零。因此 $\frac{\partial(\pi_o^{O^*}-\pi_o^{T^*})}{\partial\theta}<0$ 总是成立的。即当产品升级度增加时，经济表现的差异减小了。

另外，模型 O 和模型 T 中，产品升级成本的比例系数分别为

$$K^O=\frac{\theta+k^2-\theta k-k-c^2}{2(\theta-1)(\theta-k)(1-k)}$$

$$K^T=\frac{64\theta^2-24\theta^2k-64\theta c^2+9\theta k^2-8\theta c^2k-24\theta k-8c^2k+3c^2k^2}{2\theta(\theta-1)(8\theta-3k)(8-3k)}$$

因此

$$\frac{\partial(K^T-K^O)}{\partial\theta}=\frac{c^2k\begin{bmatrix}176\theta k^2+160k\theta^2-512\theta^3-24k^3-194\theta k^3-204\theta^2k^2-9k^5\\+128k\theta^3+512\theta^4+18k^5\theta-132k^4\theta^2+338k^3\theta^3+512\theta^5\\-352\theta^4k^2+128k\theta^5+33k^4-1280k\theta^4+616k^2\theta^3+86k^3\theta^2\end{bmatrix}}{(\theta-1)^2(\theta-k)^2(1-k)\theta^2(8\theta-3k)^2(3k-8)}$$

对于任意的 $\theta\geq 1>k>0$，可知 $(3k-8)<0$，除此以外其他项都大于零，因此 $\frac{\partial(K^T-K^O)}{\partial\theta}<0$ 总是成立的。

模型 O 和模型 T 中，环境总影响分别为

$$e^T=\frac{\begin{array}{c}8i_n\theta^2-8i_nc\theta-3i_nk\theta+i_nck+8i_u\theta^2-4i_uc\theta-3i_uk\theta\\+i_uck+4i_rc\theta+8i_d\theta^2-8i_dc\theta-3i_dk\theta+i_dck\end{array}}{16\theta^2-6ku}$$

$$e^O=\frac{i_u\theta-i_nk+i_n\theta-i_nc-i_uk+i_rc-i_dk+i_d\theta-i_dc}{2(\theta-k)}$$

因此

$$\frac{\partial\left(e^{O}-e^{T}\right)}{\partial\theta}=\frac{c\begin{bmatrix}32i_{u}\theta^{4}+32i_{r}\theta^{4}+90i_{n}k^{2}\theta^{2}-96i_{n}\theta^{3}k+67i_{u}k^{2}\theta^{2}-80i_{u}\theta^{3}k\\ -23i_{r}k^{2}\theta^{2}+16i_{r}\theta^{3}k+90i_{d}k^{2}\theta^{2}-96i_{d}\theta^{3}k-22\theta i_{n}k^{3}\\ -22\theta i_{u}k^{3}-22\theta i_{d}k^{3}+3i_{n}k^{4}+3i_{u}k^{4}+3i_{d}k^{4}\end{bmatrix}}{2\theta^{2}\left(8\theta-3k\right)^{2}\left(\theta-k\right)^{2}}$$

令上式为 0，可知 θ 存在一个阈值：

$$\theta_{1}=\frac{(5i_{u}+6i_{d}-i_{r}+6i_{n}+\sqrt{9i_{u}^{2}+44i_{u}i_{d}+36i_{d}^{2}+44i_{u}i_{n}+72i_{d}i_{n}+i_{r}^{2}+36i_{n}^{2}-26i_{r}i_{u}-28i_{r}i_{d}-28i_{r}i_{n}})k}{8\left(i_{u}+i_{r}\right)}$$

当 $\theta<\theta_{1}$ 时，显然 $\dfrac{\partial\left(e^{O}-e^{T}\right)}{\partial\theta}<0$ 成立；而当 $\theta>\theta_{1}$ 时，显然 $\dfrac{\partial\left(e^{O}-e^{T}\right)}{\partial\theta}>0$ 成立。

证毕。

值得注意的是，产品升级度增加意味着创新品和再制造品的质量差异也增加，因此原始产品制造商从创新品获得的溢价远比再制造品更大。此外，定理 3-1 已经指出当再制造业务被外包出去时，原始产品制造商会生产更多数量的新产品和更少数量的再制造品，这将进一步导致他从新产品的销售中获得更多溢价，因此产品升级激励和经济表现的差异都会随着产品升级度的增加而减小。另外，由于再制造外包导致了更高的产品升级激励，因此环境可持续性的差异随着产品升级程度的增加而增加。

3.5 数 值 分 析

前面已经从理论上探讨了存在再制造的情况下，原始产品制造商的产品升级策略对经济表现和环境可持续性的影响。为了对最优决策获得一个全面的理解，本节利用数值实验将主要的结果可视化。

　　埃森杜兰等（Esenduran et al.，2016）指出，生产成本和市场规模的比例应该为 [0.1，0.5]，因此与埃森杜兰等（2016）类似，将潜在市场规模标准化为 1，并令新产品的生产成本为 $c = 0.4$。事实上消费者对再制造品的价值折扣一般在 45% ～90% 内变动（Subramanian & Subramanyam，2012；Ardito & Dangelico，2018），于是令 $k = 0.7$。此外，为了计算单位产品的环境总影响，考虑 4 个生命期阶段：生产、使用、废弃和再制造。数值实验中，所有的参数都与埃森杜兰等（2016）的液晶显示器（Liquid Crystal Display，LCD）产业案例类似，即令单位产品在制造、使用、再制造和废弃处理中的环境影响分别为 $i_n = 2073$、$i_u = 853$、$i_r = 600$ 和 $i_d = 0.226$。另外数值实验中所有的图像都由 MATLAB 2014 生成。

　　首先，关注模型 O 和模型 T 中新产品最优生产数量的差异。通过图 3-3 可以看出，就像定理 3-1 指出的那样，当原始产品制造商自己从事再制造时新产品的数量总是比他将再制造业务外包给再制造商时的新产品数量要少，即 $q_n^O < q_n^T$。这主要原因有，模型 O 中所有的新产品和再制造品都由原始产品制造商生产，而在模型 T 中新产品由原始产品制造商生产，再制造品则由第三方再制造商提供。于是，当再制造由原始产品制造商自己承担时，经典的双边际效应再次出现，导致此时自己从事再制造比把再制造业务外包出去更有利可图。因此，虽然过多的再制造品会侵蚀新产品的市场，但原始产品制造商仍将忽视这种产品侵蚀现象，反而向市场提供更多数量的再制造品。与之相反，如果新产品由原始产品制造商生产，再制造品由第三方再制造商提供，销售再制造品的边际收益相比销售新产品就会更低。因此原始产品制造商会生产更多数量的新产品与第三方再制造商的再制造品竞争，以降低潜在的产品侵蚀现象。另外，通过图 3-3，进一步可以发现，当产品升级程度增加时，两个模型中新产品的最优生产数量均增加。更为特别的是，原始产品制造商自己从事再制造时新产品的数量提升的比率低于比他将再制造业务外包给再制造商时的新产品数量提升的比率。随着原始产品制造商新产品升级程度的增加，两个

模型下新产品的最优生产数量的差异也扩大了。

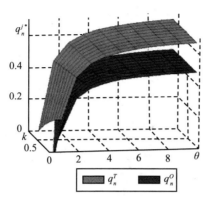

图 3 - 3　模型 O 和模型 T 中新产品数量 $q_n^{j^*}$ 的差异

　　其次，关注模型 O 和模型 T 中再制造品最优生产数量的差异。通过图 3 - 4 可以看出，就像定理 3 - 1 指出的那样，对于任意的产品升级程度 θ 和成本规模参数 K，当原始产品制造商自己从事再制造时再制造品的数量总是比他将再制造业务外包出去要多，即 $q_r^O > q_r^T$。需要指出的是，该现象背后的原因有两个：（1）当再制造由原始产品制造商自己承担时，经典的双边际效应再次出现，导致此时自己从事再制造比把再制造业务外包出去更有利可图。因此，虽然过多的再制造品会侵蚀新产品的市场，但原始产品制造商仍忽视这种产品侵蚀现象，反而向市场提供更多数量的再制造品。（2）如果新产品由原始产品制造商生产，再制造品由第三方再制造商提供，尽管此时，销售再制造品的边际收益相比销售新产品就会更低，但由于对第三方再制造商而言，此时再制造将是其唯一收益，因此第三方再制造商会生产更多数量的再制造品。进一步可以发现，当产品升级程度 θ 增加时，两个模型中再制造产品的最优数量均减少。除了定理 3 - 1 指出的 $q_r^O > q_r^T$ 这一趋势外，更为特别的是，通过图 3 - 4 可以看出，原始产品制造商自己从事再制造时再制造品的数量减少的比率高于比他将再制造业务外包给再制造商时的再制造品数量减少的比率。于是，随着原始产品制造商新产品升级程度的增加，两个模型中再制造品的最优数量间的差异缩小了。其原因如下：随着新产品升级程度的增加，这意味着新产品将对再制造品造成更大的挤压，无论当原始产品制造商自己从事再制造还是将再制造业务外包给再制造商，再制造品的潜在市场规模均将不断缩小。

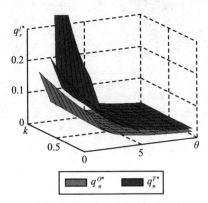

图 3 - 4　模型 O 和模型 T 中再制造品数量的差异

再次，分析原始产品制造商的产品升级决策所起的作用。图 3 - 5 揭示了一种重要的现象：就像定理 3 - 2 指出的那样，对于任意的产品升级程度 θ 和成本规模参数 K，当原始产品制造商自己从事再制造时他进行产品升级的激励总是比他将再制造业务外包出去要低，即 $K^O < K^T$。需要指出的是，由于第三方再制造商是一个独立的成员，他只会考虑如何从再制造中来最大化自己的收益，因此潜在的产品侵蚀现象就不能忽视。面对第三方再制造商再制造品的激烈竞争，原始产品制造商为了最大化自己的收益就不得不在产品研发上投入资金，提高产品质量，以此来将自己的升级产品与再制造品进行最大限度的区分，在一定意义上恢复自己的垄断溢价。进一步地，通过图 3 - 5 可以发现，当产品升级程度增加时，两个模型中新产品升级的激励均增加。更为特别的是，原始产品制造商自己从事再制造时新产品升级的激励程度提升的比例低于比他将再制造业务外包给再制造商时的新产品升级的激励提升的比例。随着原始产品制造商

新产品升级程度的增加，两个模型中原始产品制造商进行新产品升级的激励的差异也扩大了。需要指出的是，传统观点认为对于某个固定的 K，当研发（R&D）投资的效率增加时，开发一种新产品的激励也增加了。而本章的结论与传统观点一致，从图3－5可以看出，两个模型中原始产品制造商的产品升级激励都随着一般新产品和升级产品质量差异的扩大而增加。

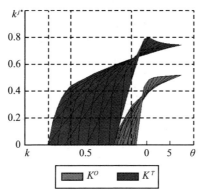

图3－5 模型 O 和模型 T 中产品升级激励的差异

图3－6则揭示，对于任意的产品升级程度 θ 和成本规模参数 K，再制造分别由原始产品制造商或者第三方再制造商承担时双方经济表现差异的两个重要现象，与埃森杜兰等（2016）以及苏布拉曼尼亚和苏布拉曼尼姆（Subramanian & Subramanyam，2012）的研究一致，这里也令 $k = 0.7$。首先，就像定理3－3指出的那样，对于任意的产品升级程度 θ 和成本规模参数 K，当原始产品制造商自己从事再制造时他的利润总是比他将再制造业务外包出去要大，即 $\pi_o^{T*} < \pi_o^{O*}$。更为特别的是，原始产品制造商自己从事再制造时新产品升级的经济表现提升的比例低于他将再制造业务外包给再制造商时的经济表现提升的比例。随着原始产品制造商新产品升级程度 θ 的增加，两个模型中原始产品制造商经济表现差异逐渐缩小。该现象与定理3－5的结论一致。

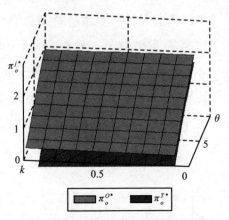

图 3 - 6   模型 O 和模型 T 中经济表现的差异

最后，将定理 3 - 4 的结论用数值实验可视化得到图 3 - 7。通过图 3 - 7 可以看出，一般新产品和升级产品的质量区别 θ 有一个阈值 θ_1。大于这个阈值时，模型 T 中的环境总影响比模型 O 中要低。就像定理 3 - 4 指出的那样，当且仅当 $\theta > \theta_1$，将再制造业务外包给第三方再制造商才对环境有利，即 $e^O > e^T$。除此以外，两个模型中的环境总影响都随着一般新产品和升级产品质量差异 θ 的扩大而增加。

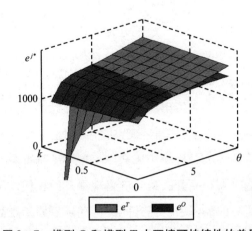

图 3 - 7   模型 O 和模型 T 中环境可持续性的差异

3.6 本 章 小 结

近年来全球商业界对可持续发展的兴趣急剧增加，许多原始产品制造商已经将再制造视为其商业模式中不可或缺的一部分。尽管再制造有利可图，但消费者通常认为再制造品的价值比新产品要低。更糟糕的是，许多消费者将廉价的再制造品与原始产品制造商的品牌联系起来，使其品牌形象受损。因此，许多原始产品制造商自己则不进行再制造，而是将再制造业务外包给独立的第三方再制造商。需要指出的是，无论再制造业务是由原始产品制造商进行还是外包给第三方再制造商，再制造品都会侵蚀新产品的市场份额。为此，许多原始产品制造商推出升级产品策略，将升级产品与再制造品作最大的质量水平区分，从而缓解潜在的产品侵蚀问题。

本章研究了原始产品制造商自己从事再制造或者其将再制造业务外包给一个独立的第三方再制造商两类不同情形下，原始产品制造商从事新产品升级研发的最优决策问题。即，在原始产品制造商既生产新产品又从事废旧产品回收和再制造情形下（模型 O），探讨了原始产品制造商的最优升级策略问题。具体为，原始产品制造商在第 1 阶段决策是否投资于产品升级，在第 2 阶段确定新产品和再制造品的最优生产数量，运用一阶条件求解原始产品制造商的最优决策。接着在原始产品制造商既生产新产品，转而将再制造业务外包给一个独立的第三方再制造商情形下（模型 T），探讨了原始产品制造商的最优升级策略问题。

具体为，此时在第 1 阶段原始产品制造商仍然决策是否投资于产品升级，但在第 2 阶段原始产品制造商首先确定给第三方再制造商的再制造授权费，接着他和第三方再制造商同时决策新产品和再制造品的最优生产数量。通过构建博弈模型，运用逆向归纳法求解原始产品制造商和第三方再制造商的最优产量、最优价格和产品升级策略等。随后，本章比较了两种情形下均衡结果的差异。研究表明，原始产品制造商自己从事再制造时的最优新产品数量总是低于将再制造业务外包给第三方再制造商情形下的最优新产品数量；与之相反的是，原始产品制造商自己从事再制造时的最优再制造品数量总是高于将再制造业务外包给第三方再制造商的最优再制造品数量。一方面，上述最优决策的交互对原始产品制造商产品升级激励的影响如下：与原始产品制造商自己承担再制造情形相比，当再制造业务被外包给第三方再制造商时，原始产品制造商总是有更高的激励而进行产品升级。另一方面，上述最优决策的交互对原始产品制造商和第三方再制造商经济表现和环境可持续性的启示有：将再制造业务外包给第三方再制造商对原始产品制造商的利润总是不利的；当且仅当一般新产品与升级产品质量的差异大于一个阈值时，将再制造业务外包给第三方再制造商对环境更有利。而原始产品制造商产品升级决策在整个博弈中的作用则是：原始产品制造商自己从事再制造和将再制造业务外包出去的产品升级激励和经济表现的差异，随产品升级程度的增加而减小；环境可持续性的差异随产品升级程度的增加而增加。为了提供一个直观的感受，本章最后还用一个数值实验将主要结论进行了可视化验证。

　　近年来，尽管有大量的文献探讨了在不同情形下再制造的各类运作管理问题，但以往关于再制造的文献通常没有考虑产品升级策略的影响，因此他们均忽略了原始产品制造商的产品升级策略对再制造的影响。另外，产品升级策略虽然已经在各种各样的背景下被详细讨论过，但当再制造分别由原始产品制造商和第三方再制造商承担时能起什么作用还不清楚。因此，本章研究再制造分别由原始产品制造商和第三方再制造商承担的情形，为原始产品制造商的产品升级决策提供了理论依据和决策参考。

第 4 章　再制造环境下存在绿色消费者的产品升级策略研究

随着人们对环境保护的重视程度日益提高，一些国家开始进行各类立法来促使企业回收再制造处于生命期末尾的产品（Esenduran et al.，2016；Mahmoudi & Rasti – Barzoki，2017）。例如，欧盟已经颁布了废旧电子电气设备（waste electrical and electronic equipment）和车辆生命期末尾（end of life vehicle）等废旧物处理法规。这些政府法律法规虽然加重了一些行业的环境负担，但却激励企业重视再制造，从再制造中获得增值。另外，随着环保意识的增强，现实中存在一部分"绿色"消费者群体，他们比一般消费者更具有环保意识，而且他们往往只关心产品的功能性而不是其新旧程度。甚至，他们在购买产品时，会考虑该产品的环境因素，他们不仅认为新产品和再制造品在功能上毫无差别，而且认为再制造品对环境更为友好。于是在相同条件下，他们往往只购买再制造品（Atasu et al.，2008）。

从总体上来看，绿色消费者认为地球的资源是有限的，所以人类一定要改变原有的挥霍式的生产方式，转而进入可回收再造的、可循环再用的再制造模式（冯章伟，2020）。为了迎合绿色消费者，各个厂商纷纷采取了相应的策略，例如，美国造纸业公会要求其会员单位必须从事废旧纸张的再制造业务。1993 年，美国的造纸厂的废旧纸张的再利用率占其生产总量的 29%。该趋势日益高涨，2000 年，美国的废旧纸张的回收和再制造率已然达到 50%。而美国环境保护署也建议消费者购买"绿色"产品（即设计有环境友好和可回收属性的产品）。① 随着环境保护意识的不断强化，绿色偏好将向其他行业蔓延，尤其在电子产品行业，绿色消费者群体已经公开提出倡议，要求企业必须承担起环保责任并考虑将其产品回收和再制造。例如，ToxicDude 网站就曾在可持续发展问题上针对 Dell 和 Apple 公司，迫使他们在产品的回收和再利用上承担责任。②

近年来我国的绿色消费者也不断增多。根据 2016 年阿里研究院和阿里社会公益部联合发布的《中国绿色消费者报告》，我国的绿色消费人群规模也在不断增加。2011 年，我国的绿色消费者占比仅为 3.4%，而到 2015 年，该占比迅速提升到 16.2%，其总规模达到了 6500 万人。绿色渗透率在 23 ~ 28 岁的年轻人群中扩散速度最快，其高达 16.7%。与国外绿色消费者类似，他们在购买产品时，会考虑该产品的环境因素，他们不仅认为新产品和再制造品在功能上毫无差别，而且认为再制造品对环境更为友好。仅在 2015 年，我国的绿色消费实现能耗减少约 3000 万吨二氧化碳，相当于 556 万亩森林的二氧化碳消耗量。2016 年 2 月国家发改委发布了《关于促进绿色消费的指导意见》（以下简称《指导意见》），该《指导意见》提出，要加快推动消费向绿色转型。加强宣传教育，在全社会厚植崇尚勤俭节约的社会风尚，大力推动消费理念绿色化；规范消费行为，引导消费者自觉践行绿色消费，打造绿色消费主体。

毫无疑问，由于绿色消费者比一般消费者更具有环保意识，而且他们往往更关心产品的环境功能性而不是其新旧程度，这在一定程度上也影响新产品和再制造品的产品侵蚀问题。于是在面临绿色消费者时，原始产品

---

① U. S. A. Agency. Electronics: A new opportunity for waste prevention, reuse, and recycling [EB/OL]. [2021 – 06 – 16]. http://www.epa.gov/epr.
② J P Li. Three-fold Strategy of the U. S. Computer TakeBack Campaign [J]. *Science & Society*, 2011 (2): 124 – 136.

制造商的产品升级策略将更为重要，因为其能为新产品提供更为贴切的新功能，进而让消费者，甚至绿色消费者，在不同产品间显现出不同偏好。需要指出的是，从环境角度来看，存在绿色消费者时，再制造背景下的产品升级比让部分绿色消费者的渗透率降低，因而对环境绩效将可能不利。因此，本章将讨论市场上存在部分绿色消费者情形下的产品升级策略问题。即探讨在再制造分别由原始产品制造商和第三方再制造商承担的情形下，市场中的绿色消费者对原始产品制造商的产品升级策略选择中的影响。

与第 3 章不同的是，本章首先还考虑了绿色消费者群体的存在，因此实际的消费者群体可能被分成三类：买新产品的一般消费者、买再制造品的一般消费者和只买再制造品的绿色消费者。其次比较模型 O 和模型 T 在新/再制造品最优价格、经济表现、环境可持续性和产品升级激励方面的差异。最后用一个数值分析将主要的结论图示化，以便能更深入地理解绿色消费者的作用。

本章结构安排为：4.1 节为模型描述；4.2 节是原始产品制造商自己从事再制造时的决策问题（模型 O）；4.3 节则研究再制造业务被外包给一个独立的第三方再制造商时的决策问题（模型 T）；4.4 节将模型 O 与模型 T 在最优价格、产品升级激励经济表现和环境可持续性方面作比较，讨论绿色消费者的存在对原始产品制造商产品升级决策和再制造渠道结构的影响，并给出对应的管理启示；4.5 节用数值实验加深对主要结论的理解；4.6 节对本章进行总结。

4.1　模　型　描　述

本章主要探讨存在绿色消费者时原始产品制造商的产品升级策略如何影响再制造的经济表现和环境可持续性。即，与第 3 章类似，本章也考虑两个模型：模型 O 和模型 T。在模型 O 中，原始产品制造商除了确定产品的创新策略外自己也会从事再制造。而在模型 T 中，原始产品制造商则将再制造业务外包给一个独立的第三方再制造商，授权其进行再制造。

假设在博弈的第 1 阶段原始产品制造商决策是否对产品进行创新；而在博弈的第 2 阶段原始产品制造商决策给第三方再制造商的再制造授权费 f，接着他们再同时确定新产品和再制造品的最优价格 p_n 和 p_r。

注意，与 3.1 节不同的是，此处原始产品制造商和第三方再制造商的决策变量是产品的价格，而在 3.1 节他们决策的是生产数量。如果原始产品制造商决定投入资金进行研发（R&D），则市场上就会有质量更好的升级产品。假设一般新产品的质量被标准化为 1，消费者对升级产品的估值为 $\theta = 1 + \delta$（其中 $\delta > 0$ 表示升级产品与一般新产品的质量差异）（Z Qian et al.，2019），而创新的费用函数仍然是 $K(\theta - 1)^2/2$。需要指出的是，当原始产品制造商不进行产品研发，即 $\delta = 0$ 时，该创新的费用函数将为 0，于是，制造商不需要进行研发（R&D）投入。另外，假设新产品和再制造品的生产成本分别是 c_n 和 c_r。需要指出的是，从经济层面上来看，由于是以废旧产品为加工毛坯，因此，与新产品的生产相比，再制造的生产成本相对较低。基于此，与生产新产品相比，再制造能为原始产品制造商带来可观的经济收益。于是，为了凸显制造和再制造在成本上的不同，进一步假设再制造品的生产成本相对新产品可以忽略不计（Tookanlou & Wong，2020），即 $c_n = c > c_r = 0$。

假设消费者群体已经被标准化为 1 且分为两类：一般消费者和绿色消费者，绿色消费者的比例为 $\beta < 1$。假设，一般消费者对新产品的支付意愿是 ν，对再制造品的支付意愿则为 $k\nu$，其中 k 是再制造品的价值折扣且满足 $k < 1$。对于绿色消费者而言，在购买产品时，会考虑产品中是否包含更多的环境因素，是否节能环保，因而他们认为再制造产品和新产品在质量和功能上并无较大差异，对两种产品具有相同的支付意愿，且往往只

购买再制造品（Atasu et al.，2008），基于此，假设绿色消费者对再制造品的支付意愿也是 ν。即，在本章两个模型中，假设绿色消费者代表了消费者群体中对环境友好的那部分，他们对环境的关注程度甚至超过了对产品新旧程度的关注（Yenipazarli & Vakharia，2017）。基于这些假设，一般消费者从新产品获得的净效用为 $U_n^p = \theta\nu - p_n$（上标 p 表示一般消费者），从再制造品获得的净效用为 $U_r^p = k\nu - p_n$。而绿色消费者从再制造品获得的净效用为 $U_r^G = \nu - p_r$（上标 G 表示绿色消费者）。因此当 $U_n^p > 0$ 且 $U_n^p > U_r^p$ 时，一般消费者才会购买新产品；否则会购买再制造品。而当 $U_r^G > 0$ 时，绿色消费者才会购买再制造品。

实际中再制造品的价格通常比新产品要低（即 $p_r < p_n$），但是由于绿色消费者的存在，原始产品制造商处于垄断地位时可以采取低价和高价两种定价策略。

（1）当 $\dfrac{p_r}{k} < \dfrac{p_n}{\theta}$ 时，再制造品的价格相对较低。对一般消费者而言，总是可以找到一个无差异点，其使得 $U_n^p = \theta\nu - p_n = U_r^p = k\nu - p_r$。于是，一般消费者和绿色消费者都会购买再制造品。

根据图 4-1 可以推导出一般消费者的新产品和再制造品需求函数分别为

$$q_n^p = (1 - \beta)\left(\frac{\theta - k - p_n + p_r}{\theta - k}\right)$$

$$q_r^p = (1 - \beta)\frac{(kp_n - \theta p_r)}{(\theta - k)k}$$

而绿色消费者的需求函数为 $q_r^G = \beta(1 - p_r)$。因此新产品和再制造品的需求函数分别为

$$q_n = q_n^p$$

$$q_r = q_r^p + q_r^G \qquad\qquad (4-1)$$

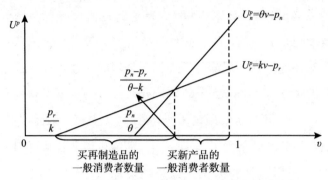

图 4 − 1　再制造品价格较低时一般消费者需求结构

（2）当 $\frac{p_r}{k} > \frac{p_n}{\theta}$ 时，再制造品的价格相对较高。对一般消费者而言，找不到无差异点，其使得 $U_n^p = \theta v - p_n = U_r^p = kv - p_r$。由于，此时再制造品的价格相对较高，他们均只偏好于购买新产品。即当 $\frac{p_r}{k} > \frac{p_n}{\theta}$ 时，一般消费者只会购买新产品。而对于绿色消费者而言，由于较强的环保意识和绿色观念，他们往往只购买对环境更为友好的再制造产品。当 $\frac{p_r}{k} > \frac{p_n}{\theta}$ 时，绿色消费者仍将购买再制造品。

根据图 4 − 2 可以推导出一般消费者的新产品需求函数为

$$q_n^p = （1 - \beta）\frac{（\theta - p_n）}{\theta}$$

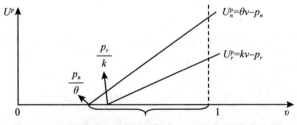

图 4 − 2　再制造品价格较高时一般消费者需求结构

而绿色消费者的需求函数仍然为 $q_r^C = \beta(1 - p_r)$。因此新产品和再制造品的需求函数分别为

$$q_n = q_n^p$$

$$q_r = q_r^C \qquad (4-2)$$

本章所用到的参数及其含义见表 4 - 1。

表 4 - 1   主要参数及其含义

参数	含义
K	产品升级成本的比例系数
θ	一般新产品和升级产品的质量区别
k	再制造品的价值折扣
β	绿色消费者的比例
f	向独立第三方再制造商收取的再制造授权费
c	新产品的生产成本
p_n^i	模型 $j \in \{O, T\}$ 中新产品的价格
p_r^i	模型 $j \in \{O, T\}$ 中再制造品的价格
π_i^j	模型 j 中决策者 $i \in \{o, t\}$ 的利润
e^j	模型 j 中的环境影响

4.2 原始产品制造商从事再制造（模型 O）

与第 3 章一样，在模型 O 中，原始产品制造商既从事新产品升级，也生产再制造产品。如前所述，原始产品制造商在第 1 阶段决策是否对产品进行升级。如果原始产品制造商在第 1 阶段不对产品进行升级，第 2 阶段市场上只有原有的一般新产品；而如果原始产品制造商在第 1 阶段对产品进行升级，那么，第 2 阶段市场上就会有质量更好的升级产品。因此，在

第 2 阶段市场上的产品有两类：一是新产品（如果原始产品制造商不投资于研发则是一般新产品，否则是升级产品）；二是再制造品。

在模型 O 中，原始产品制造商的决策顺序如下：在第 1 阶段，原始产品制造商在进行产品升级决策；在作出产品是否升级的决策后，在第 2 阶段，原始产品制造商将分别对新产品和再制造进行最优产量的决策。

将两阶段利润合并在一起后，原始产品制造商的决策问题可以表示为

$$\max_{\theta, p_n, p_r} \pi_o^O(\theta, p_n, p_r) = (p_n - c)q_n + p_r q_r - \frac{K(\theta - 1)^2}{2} \qquad (4-3)$$

式（4-3）的前两项分别是原始产品制造商销售新产品和再制造品的利润，最后一项是投资于产品研发的潜在费用。由于原始产品制造商可以根据绿色消费者的比例采取两种定价策略，为此将根据高低定价两类策略，可以将需求函数式表述为式（4-1）或式（4-2）。将上述逆需求函数代入式（4-3），可以得到原始产品制造商的决策问题可以分为两类。

（1）当再制造品价格较低时，原始产品制造商的决策问题可以被改写为

$$\max_{\theta, p_n, p_r} \pi_o^O(\theta, p_n, p_r) = (p_n - c)(1 - \beta)\left(\frac{\theta - k - p_n + p_r}{\theta - k}\right) + p_r(1 - \beta)\frac{(kp_n - \theta p_r)}{(\theta - k)k}$$

$$+ p_r \beta(1 - p_r) - \frac{K(\theta - 1)^2}{2}$$

根据上述方程，可得其海塞矩阵为

$$H_2 = \begin{vmatrix} \dfrac{\partial^2 \pi_o^O}{\partial p_n^2} & \dfrac{\partial^2 \pi_o^O}{\partial p_n \partial p_r} \\[3mm] \dfrac{\partial^2 \pi_o^O}{\partial p_r \partial p_n} & \dfrac{\partial^2 \pi_o^O}{\partial p_r^2} \end{vmatrix} = \begin{vmatrix} -\dfrac{2(1 - \beta)}{\theta - k} & \dfrac{2(1 - \beta)}{\theta - k} \\[3mm] -\dfrac{2(\theta - \beta\theta + \beta\theta k - \beta k^2)}{(\theta - k)k} & \dfrac{2(1 - \beta)}{\theta - k} \end{vmatrix}$$

由于 $\theta \geq 1$，$0 < k < 1$，$0 < \beta < 1$，上述一阶海塞矩阵 $H_1 < 0$，二阶海塞矩阵 $H_2 > 0$。即，总存在最优价格 p_n 和 p_r 使得上述方程有最大值。由此，

利用一阶偏导法可以得到原始产品制造商生产新产品和再制造品的最优价格分别为

$$p_{n1}^* = \frac{\beta ck - \beta k^2 + \beta k\theta - \beta c + \beta k - \beta\theta + c + \theta}{2(1 - \beta + \beta k)}$$

$$p_{r1}^* = \frac{k}{2(1 - \beta + \beta k)}$$

（2）当再制造品价格较高时，原始产品制造商的决策问题可以被改写为

$$\max_{\theta, p_n, p_r} \pi_o^o(\theta, p_n, p_r) = (p_n - c)(1 - \beta)\frac{(\theta - p_n)}{\theta} + p_r\beta(1 - p_r) - \frac{K(\theta - 1)^2}{2}$$

根据上述方程，可得其海塞矩阵为

$$H_2 = \begin{vmatrix} \dfrac{\partial^2 \pi_o^o}{\partial p_n^2} & \dfrac{\partial^2 \pi_o^o}{\partial p_n \partial p_r} \\[3mm] \dfrac{\partial^2 \pi_o^o}{\partial p_r \partial p_n} & \dfrac{\partial^2 \pi_o^o}{p_r^2} \end{vmatrix} = \begin{vmatrix} -\dfrac{2(1 - \beta)}{\theta} & 0 \\[3mm] 0 & -2\beta \end{vmatrix}$$

由于 $\theta \geqslant 1$，$0 < \beta < 1$，上述一阶海塞矩阵 $H_1 < 0$，二阶海塞矩阵 $H_2 = \dfrac{4\beta(1 - \beta)}{\theta}$，显然，对应任意的 $0 < \beta < 1$，其 $H_2 > 0$。即，总存在最优价格 p_n 和 p_r 使得上述方程有最大值。由此，利用一阶偏导法可以得到原始产品制造商生产新产品和再制造品的最优价格分别为

$$p_{n2}^* = \frac{c + \theta}{2}, \quad p_{r2}^* = \frac{1}{2}$$

由此很容易得到以下定理。

定理 4-1 原始产品制造商自己从事再制造时，绿色消费者的比例 β 存在一个阈值

$$\beta^* = \frac{c^2 k}{(1 - k)(c^2 k + k^2\theta - k\theta^2 - k\theta + \theta^2)}$$

当 $\beta \leqslant \beta^*$ 时，新产品和再制造品的最优价格分别为

$$p_{n1}^* = \frac{\beta ck - \beta k^2 + \beta k\theta - \beta c + \beta k - \beta \theta + c + \theta}{2(1 - \beta + \beta k)}$$

$$p_{r1}^* = \frac{k}{2(1 - \beta + \beta k)} \qquad (4-4)$$

当 $\beta \geqslant \beta^*$ 时，新产品和再制造品的最优价格分别为

$$p_{n2}^* = \frac{c + \theta}{2}, \quad p_{r2}^* = \frac{1}{2} \qquad (4-5)$$

且 $p_{n1}^* > p_{n2}^*$，$p_{r1}^* < p_{r2}^*$。

证明：（1）当 $\frac{p_r}{k} < \frac{p_n}{\theta}$ 时，一般消费者和绿色消费者都会购买再制造品。将式（4-1）代入式（4-3）得到原始产品制造商的利润 π_{o1}^o。根据一阶条件，对 p_n 和 p_r 求最优，可得新产品和再制造品的最优价格为式（4-4）。

（2）当 $\frac{p_r}{k} > \frac{p_n}{\theta}$ 时，一般消费者只会购买新产品，只有绿色消费者才会购买再制造品。将式（4-2）代入式（4-3）得到原始产品制造商的利润 π_{o2}^o。根据一阶条件，对 p_n 和 p_r 求最优，可得新产品和再制造品的最优价格为式（4-5）。

将两种定价策略下的 p_n^* 和 p_r^* 分别代回原始产品制造商的利润函数再求其差可得

$$\pi_{o1}^{o*} - \pi_{o2}^{o*} = \frac{(1-\beta)(\beta(k-1)(c^2k + k^2\theta - k\theta^2 - k\theta + \theta^2) + c^2k)}{4\theta(\theta - k)(\beta k - \beta + 1)}$$

令上式为 0，可得

$$\beta^* = \frac{c^2k}{(1-k)(c^2k + k^2\theta - k\theta^2 - k\theta + \theta^2)}$$

另外，由于 $\beta < 1$ 和 $k < 1$，易知

$$p_{n1}^* - p_{n2}^* = \frac{\beta k(1-k)}{2(1-\beta+\beta k)} > 0$$

$$p_{r1}^* - p_{r2}^* = \frac{(\beta-1)(1-k)}{2(1-\beta+\beta k)} < 0$$

证毕。

定理 4 – 1 说明当绿色消费者的比例较低时，原始产品制造商会适当提高新产品的价格，将再制造品的价格压得较低。原因主要是当绿色消费者较少时，原始产品制造商从绿色消费者处获得的利润也较少，他生产的再制造品只得降价再辅以新产品提价，以吸引部分一般消费者来购买。同时来自再制造品的产品侵蚀效应反而不那么明显了。但当绿色消费者的比例较高时，由于他们只会购买再制造品，因此原始产品制造商可以将再制造品的价格提高，以便从他们那里获取更多的利润。此外，将新产品的价格降低还能将一般消费者重新吸引回新产品市场，以降低来自再制造品的产品侵蚀效应。注意此时消费者群体事实上已经被分为独立的两部分，即从式（4 – 5）的最优价格都与绿色消费者的比例 β 无关也可以看出：绿色消费者只购买再制造品；一般消费者只购买新产品。

接着分析第 1 阶段原始产品制造商的创新决策，得到以下定理。

定理 4 – 2 原始产品制造商自己从事再制造时：

（1）如果绿色消费者的比例 β 较低，产品升级费用的比例系数 K 存在一个阈值 $K_1^O = \frac{(1-\beta)(1+k^2-2k-\delta-\delta k-c^2)}{2\delta(1-k)(1-k+\delta)}$，当 $K < K_1^O$ 时原始产品制造商会在第 1 阶段投资于产品升级，当 $K > K_1^O$ 时则不会。

（2）如果绿色消费者的比例 β 较高，产品升级费用的比例系数 K 也存在一个阈值 $K_2^O = \frac{(1-\beta)(1+\delta-c^2)}{2\delta(1+\delta)}$，当 $K < K_2^O$ 时原始产品制造商会在第 1 阶段投资于产品升级，当 $K > K_2^O$ 时则不会。

证明：（1）将式（4 – 4）代入 $\pi_{o1}^{O*}(\theta=1)$ 和 $\pi_{o1}^{O*}(\theta=1+\delta)$，求其

差可得

$$\pi_{o1}^{O*}(\theta=1)-\pi_{o1}^{O*}(\theta=1+\delta)$$

$$=\frac{\delta(2K\delta(1-k)(1-k+\delta)+(\beta-1)(1+k^2-2k-\delta-\delta k-c^2))}{4(1-k+\delta)(1-k)}$$

令上式为 0，可得阈值 $K_1^O=\dfrac{(1-\beta)(1+k^2-2k-\delta-\delta k-c^2)}{2\delta(1-k)(1-k+\delta)}$。

（2）将式（4-5）代入 $\pi_{o2}^{O*}(\theta=1)$ 和 $\pi_{o2}^{O*}(\theta=1+\delta)$，求其差可得

$$\pi_{o2}^{O*}(\theta=1)-\pi_{o2}^{O*}(\theta=1+\delta)=\frac{\delta(2K\delta(1+\delta)-(1-\beta)(1+\delta-c^2))}{4(1+\delta)}$$

令上式为 0，可得阈值 $K_2^O=\dfrac{(1-\beta)(1+\delta-c^2)}{2\delta(1+\delta)}$。

证毕。

4.3 第三方再制造商从事再制造（模型 T）

与 3.3 节类似，假设市场上有一个原始产品制造商在生产新产品，他能决策是否对新产品进行升级投资。此外，他还将再制造业务外包给第三方制造商。即，与模型 O 不同，在模型 T 中再制造业务被外包给了一个独立的第三方再制造商。该模型的博弈顺序如下：第 1 阶段原始产品制造商决策是否投资于产品升级；第 2 阶段原始产品制造商确定给第三方再制造商的再制造授权费 f，接着原始产品制造商和第三方再制造商再同时决策新产品和再制造品的最优价格 p_n^* 和 p_r^*。

于是，第 2 阶段原始产品制造商和第三方再制造商的决策问题分别为

$$\max_{f,p_n}\pi_o^T=(p_n-c)q_n+fq_r-\frac{K(\theta-1)^2}{2}$$

$$\max_{p_r}\pi_t^T=(p_r-f)q_r \qquad\qquad (4-6)$$

此时，再制造品由第三方再制造商提供，由于绿色消费者只购买再制造品，第三方再制造商没有激励采用低价策略去吸引一般消费者购买再制造品，因此只会采用高价策略。当再制造品价格较高时，原始产品制造商和第三方再制造商的决策问题可以分别被改写为

$$\max_{f,p_n}\pi_o^T=(p_n-c)(1-\beta)\frac{(\theta-p_n)}{\theta}+f\beta(1-p_r)-\frac{K(\theta-1)^2}{2}$$

$$\max_{p_r}\pi_t^T=(p_r-f)\beta(1-p_r)$$

上述两方程均为价格 p_n 和 p_r 的倒 U 型二次函数，因此由一阶条件联立求解，可得原始产品制造商生产新产品和再制造品的最优价格分别为

$$p_n^*=\frac{c+\theta}{2},\ p_r^*=\frac{1+f}{2}$$

由于原始产品制造商不再处于垄断地位，再加上绿色消费者只购买再制造品，均衡结果将如何变化呢？得到以下定理。

定理 4 - 3 第三方再制造商从事再制造时，新产品和再制造品的最优价格、原始产品制造商给第三方再制造商的最优授权费分别为

$$p_n^*=\frac{c+\theta}{2},\ p_r^*=\frac{3}{4},\ f^*=\frac{1}{2} \tag{4-7}$$

证明： 由于绿色消费者只购买再制造品，而再制造品只能由第三方再制造商生产，因此第三方再制造商没有激励采用低价策略去吸引一般消费者购买再制造品；而当第三方再制造商采用高价策略时一般消费者被挤出再制造品市场，原始产品制造商此时辅以新产品的低价策略可以将一般消费者牢牢地锁定在新产品市场。故原始产品制造商采用低价策略，第三方再制造商采用高价策略能使双方获得帕累托改进。将式（4 - 2）代入式（4 - 6），由一阶条件联立对 p_n 和 p_r 求最优可得新产品和再制造品的最优价格分别为

$$p_n^* = \frac{c + \theta}{2}, \quad p_r^* = \frac{1 + f}{2}$$

将 p_n^* 和 p_r^* 代回原始产品制造商的利润函数并对 f 使用一阶条件可以得到最优授权费为

$$f^* = \frac{1}{2}$$

最后将 f^* 代回 p_r^* 即可。

证毕。

定理 4 - 3 说明虽然原始产品制造商和第三方再制造商之间存在新产品和再制造品的竞争，但是由于绿色消费者的存在，导致消费者群体被分为独立的两部分：绿色消费者只买再制造品，一般消费者只购买新产品。因此原始产品制造商采用低价策略，第三方再制造商采用高价策略可以获取更大的利润（Raz & Souza，2018）。此外，新产品和再制造品的最优价格和最优授权费的表达式都与绿色消费者的比例 β 无关了。

接着分析第 1 阶段原始产品制造商的创新决策，可得以下定理。

定理 4 - 4　第三方再制造商从事再制造时，产品升级费用的比例系数 K 也存在一个阈值 $K^T = \dfrac{(1 - \beta)(1 + \delta - c^2)}{2\delta(1 + \delta)}$，当 $K < K^T$ 时原始产品制造商会在第一阶段投资于产品升级，当 $K > K^T$ 时则不会。

证明： 将式（4 - 7）代入 $\pi_o^{T^*}(\theta = 1)$ 和 $\pi_o^{T^*}(\theta = 1 + \delta)$，求其差可得

$$\pi_o^{T^*}(\theta = 1) - \pi_o^{T^*}(\theta = 1 + \delta) = \frac{\delta(K2\delta(1 + \delta) - (1 - \beta)(1 + \delta - c^2))}{4(1 + \delta)}$$

令上式为 0，可得阈值 $K^T = \dfrac{(1 - \beta)(1 + \delta - c^2)}{2\delta(1 + \delta)}$。

证毕。

注意，定理 4 - 4 的结构与定理 4 - 2 第（2）部分（绿色消费者的比例 β 较高）的结果相同。这说明将再制造外包给第三方再制造商的效果等

同于原始产品制造商自己从事再制造且绿色消费者的比例较高时的结果。

4.4　模型分析

4.2 节和 4.3 节给出了再制造品分别由原始产品制造商和第三方再制造商生产时的均衡结果，接下来将比较模型 O 和模型 T 在新/再制造品最优价格、经济表现、环境可持续性和创新激励方面的差异。最后讨论绿色消费者的存在对原始产品制造商产品升级决策和再制造渠道结构的影响。

4.4.1　最优价格的比较

首先比较模型 O 和模型 T 中新产品和再制造品的最优价格，可得以下定理。

定理 4 – 5　原始产品制造商自己从事再制造时的最优新（再制造）产品价格总是不低于（不高于）将再制造业务外包给第三方再制造商。

证明：分别用式（4 – 4）和式（4 – 5）减去式（4 – 7），对于任意的 $0 < k < 1$ 和 $0 < \beta < 1$ 易知

$$p_{n1}^{O*} - p_n^{T*} = \frac{\beta k (1 - k)}{2(1 - \beta + \beta k)} > 0, \quad p_{n2}^{O*} - p_n^{T*} = 0$$

$$p_{r1}^{O*} - p_r^{T*} = \frac{3\beta + 2k - 3\beta k - 3}{4(1 - \beta + \beta k)} < 0, \quad p_{r2}^{O*} - p_r^{T*} = -\frac{1}{4} < 0$$

总是成立的。

证毕。

在模型 O 中所有的新产品和再制造品都由原始产品制造商生产，而在模型 T 中新产品由原始产品制造商生产，再制造品则由第三方再制造商提供。定理 4 – 5 指出原始产品制造商自己从事再制造时新产品的价格更高，

再制造品的价格更低。这主要有两个原因：（1）当再制造由原始产品制造商自己承担时，他可以在新产品市场和再制造品市场之间权衡。此时，如果绿色消费者的比例较低，他从绿色消费者处获取的利润也较低。因此，原始产品制造商不得不降低再制造品的价格以吸引部分一般消费者来购买。虽然较低的再制造品价格会侵蚀新产品的市场，但原始产品制造商可以通过提高新产品的价格进行弥补。如果绿色消费者的比例较高，他则可以适当提高再制造品的价格，以便从他们那里获取更大的利润。此外，原始产品制造商还可以降低新产品的价格，将一般消费者全部锁定在新产品市场，把消费者群体分为独立的两部分。（2）当新产品由原始产品制造商生产，再制造品由第三方再制造商提供时，虽然表面上仍然存在新产品和再制造品的竞争，但这种产品侵蚀效应已经很不明显了。这主要是因为绿色消费者只购买再制造品，所以第三方再制造商没有动力采用低价策略去吸引一般消费者购买再制造品；而当第三方再制造商对再制造品采用高价策略时一般消费者被挤出再制造品市场，原始产品制造商此时辅以新产品的低价策略可以将一般消费者牢牢地锁定在新产品市场。此时，消费者群体与原始产品制造商自己从事再制造且绿色消费者比例较高时一样，被分为独立的两部分。

4.4.2　产品升级激励的比较

比较当再制造品分别由原始产品制造商和第三方再制造商生产时，第 1 阶段原始产品制造商产品升级激励的差异，可得以下定理。

定理 4-6　当再制造业务被外包给第三方再制造商时，原始产品制造商总是有更高的激励进行产品升级，即 $K^O < K^T$。

证明：当绿色消费者的比例 β 较高时，$K_2^O = K^T$，于是，可以知道当绿色消费者的比例 β 较高时，$K_2^O - K^T = 0$。

因此，只需比较绿色消费者的比例 β 较低时的情况。由于 $0 < k < 1$ 和

$0 < \beta < 1$，易知

$$K^T - K_1^O = \frac{c^2 k (1 - \beta)(2 + \delta - k)}{2\delta(1 - k)(1 + \delta - k)(1 + \delta)} > 0$$

因此 $K^O < K^T$ 总是成立的。

证毕。

定理 4 - 6 表明不管绿色消费者的比例如何，当原始产品制造商把再制造业务外包出去时，他投资于产品研发的意愿总是不低于他自己从事再制造。由于绿色消费者的比例 β 较高时，两个模型中原始产品制造商产品研发的意愿相同，因此只关注绿色消费者的比例 β 较低的情形。此时，如果原始产品制造商自己从事再制造，由于绿色消费者的比例较低，他从绿色消费者处获取的利润也较低，因此原始产品制造商不得不降低再制造品的价格以吸引部分一般消费者来购买。为了吸引更多的一般消费者购买其再制造品，原始产品制造商在降低再制造品价格的同时，将极力减少其投资于产品研发的意愿，其产品升级意愿自然也会随之降低（Li et al.，2018）。如果原始产品制造商把再制造业务外包出去，第三方再制造商作为一个独立的成员，他只会考虑如何从再制造中来最大化自己的收益，而不会顾及原始产品制造商的利润的获取。再加上此时消费者群体已经被分为两个独立的部分，绿色消费者由于自身更强的环保观念只会购买再制造品，一般消费者则因为再制造品价格过高只会购买新产品。原始产品制造商为了最大化自己的收益，将一般消费者牢牢锁定在新产品市场，就不得不在产品研发上投入资金、提高产品质量，以此来将自己的升级产品与再制造品进行最大程度的区分。这在一定程度上也促使了消费者群体更加明显地分裂成两个部分。

4.4.3 经济表现的比较

比较原始产品制造商在模型 O 和模型 T 中经济表现的差异，可得以下定理。

定理 4 −7　将再制造业务外包给第三方再制造商对原始产品制造商的利润总是不利的，即 $\pi_o^{T*} < \pi_o^{O*}$。

证明：

（1）当第三方再制造商从事再制造时，新产品和再制造品的最优价格、原始产品制造商给第三方再制造商的最优授权费分别为

$$p_n^* = \frac{c+\theta}{2}, \ p_r^* = \frac{3}{4}, \ f^* = \frac{1}{2}$$

代入式（4−6）可得原始产品制造商的利润 π_o^{T*} 为

$$\pi_o^{T*} = \frac{2(c-\theta)^2 - (2(c-\theta)^2 - \theta)\beta - 4K\theta(\theta-1)^2}{8\theta}$$

（2）当原始产品制造商自己从事再制造且绿色消费者的比例较高，即 $\beta \geqslant \beta^*$ 时，新产品和再制造品的最优价格分别为

$$p_{n2}^* = \frac{c+\theta}{2}, \ p_{r2}^* = \frac{1}{2}$$

代入式（4−3）可得原始产品制造商的利润 π_{o2}^{O*} 为

$$\pi_{o2}^{O*} = \frac{(c-\theta)^2 - ((c-\theta)^2 - \theta)\beta - 2K\theta(\theta-1)^2}{4\theta}$$

易知 $\pi_{o2}^{O*} - \pi_o^{T*} = \frac{\beta}{8} > 0$ 总是成立的。

（3）当绿色消费者的比例较低，即 $\beta \leqslant \beta^*$ 时，由定理 4 −1 的证明可知

$$\pi_{o1}^{O*} - \pi_{o2}^{O*} = \frac{(1-\beta)(\beta(k-1)(c^2k + k^2\theta - k\theta^2 - k\theta + \theta^2) + c^2k)}{4\theta(\theta-k)(\beta k - \beta + 1)} > 0$$

又因为 $\pi_{o2}^{O*} - \pi_o^{T*} = \frac{\beta}{8} > 0$，所以 $\pi_{o1}^{O*} - \pi_o^{T*} > 0$。

综上可得 $\pi_o^{T*} < \pi_o^{O*}$

证毕。

注意定理 4 −7 的结论与定理 3 −3 的结论类似。这主要有两个原因：

（1）在模型 O 中，新产品和再制造品都由原始产品制造商生产；在模型 T 中，只有新产品由原始产品制造商生产，再制造品由第三方再制造商生产。因此原始产品制造商在模型 O 中是一个垄断者，而在模型 T 中他还要面临第三方再制造商再制造品的竞争。这导致在模型 T 中原始产品制造商新产品的边际收益降低了。虽然此时新产品的销量实际上增加了，但从增加的新产品销售得到的利润不够补偿其降低的边际收益，反而使得原始产品制造商的利润更低。（2）由于绿色消费者只购买再制造品，因此，在模型 T 中这部分群体的收益都被第三方再制造商获得。虽然此时消费者群体分裂成两个独立的部分，原始产品制造商能通过提高新产品的价格从一般消费者那里获得更多利润，但由于失去了绿色消费者这个庞大的群体，其利润总是比他自己从事再制造时要低。

4.4.4　环境可持续性的比较

与 3.4.4 节类似，本节仍采用生命周期评估法，令 i_n、i_u、i_r 和 i_d 分别表示单位产品在制造、使用、再制造和废弃处理中的环境影响，且满足 $k(i_d + i_u + i_n) < i_u + i_r$。再令 e_n、e_u、e_r 和 e_d 分别表示产品在制造、使用、再制造和废弃处理中的环境影响，定义

$$e = e_n + e_u + e_r + e_d = i_n q_n + i_u(q_n + q_r) + i_r q_r + i_d q_n \qquad (4-8)$$

令 $e^T(e^O)$ 表示模型 T（O）的环境总影响，可得以下定理。

定理 4-8　将再制造业务外包给第三方再制造商比原始产品制造商自己从事再制造对环境更有利，即 $e^O > e^T$。

证明：产品在制造、使用、再制造和废弃处理中的环境总影响为

$$e = e_n + e_u + e_r + e_d = i_n q_n + i_u(q_n + q_r) + i_r q_r + i_d q_n$$

（1）当第三方再制造商从事再制造时，新产品和再制造品的最优价格、原始产品制造商给第三方再制造商的最优授权费分别为

$$p_n^* = \frac{c + \theta}{2}, \ p_r^* = \frac{3}{4}, \ f^* = \frac{1}{2}$$

代入式（4-2）可得此时新产品和再制造品的最优生产数量分别为

$$q_n^* = \frac{(1 - \beta)(c - \theta)}{2\theta}, \ q_r^* = \frac{\beta}{4}$$

再代入式（4-8）可得此时的环境总影响为

$$e^T = \frac{(c(1 - \beta) - \theta)(i_n + i_u + i_d) + \beta\theta(i_d + i_n + i_r + 2i_u)}{2\theta}$$

（2）当原始产品制造商自己从事再制造且绿色消费者的比例 β 较高时，新产品和再制造品的最优价格分别为

$$p_{n2}^* = \frac{c + \theta}{2}, \ p_{r2}^* = \frac{1}{2}$$

代入式（4-2）可得此时新产品和再制造品的最优生产数量分别为

$$q_{n2}^* = \frac{(1 - \beta)(c - \theta)}{2\theta}, \ q_{r2}^* = \frac{\beta}{2}$$

再代入式（4-8）可得此时的环境总影响 e_2^O，易知

$$e^T - e_2^O = \frac{-\beta(i_u + i_r)}{4} < 0$$

（3）当原始产品制造商自己从事再制造且绿色消费者的比例 β 较低时，新产品和再制造品的最优价格分别为

$$p_{n1}^* = \frac{\beta ck - \beta k^2 + \beta k\theta - \beta c + \beta k - \beta\theta + c + \theta}{2(1 - \beta + \beta k)}$$

$$p_{r1}^* = \frac{k}{2(1 - \beta + \beta k)}$$

代入式（4-1）可得此时新产品和再制造品的最优生产数量分别为

$$q_{n1}^* = \frac{(1-\beta)(c+k-\theta)}{2(\theta-k)}$$

$$q_{r1}^* = \frac{\beta(c+k-\theta)-c}{2(\theta-k)}$$

再代入式（4-8）可得此时的环境总影响 e_1^O，此时又因为 $k(i_d+i_u+i_n) < i_u+i_r$，所以

$$e^T - e_1^O = \frac{(1-\beta)(i_dk+i_nk-i_r\theta+i_uk-i_u\theta)}{2\theta(\theta-k)} < 0$$

综上可得 $e^O > e^T$。

证毕。

定理 4-8 的结论与定理 3-4 类似，他们都指出将再制造业务外包给第三方再制造商时对环境更有利。在本章考虑了绿色消费者群体的情况下，这种现象变得更加明显。因为绿色消费者只购买再制造品，而再制造品对环境更友好，当再制造业务被外包出去时产生的新/再制造品竞争导致整个消费者群体被分成独立的两个部分。这使得原始产品制造商自己从事再制造时的最优新（再制造）产品价格总是不低于（不高于）将再制造业务外包给第三方再制造商的价格。因此从环境的角度来看，应该鼓励原始产品制造商将再制造业务外包。然而站在原始产品制造商经济利益的角度情况就完全不同了，因为定理 4-7 指出将再制造业务外包对原始产品制造商的利润不利。这种在经济表现和环境可持续性目标上的不一致给管理者的启示是：如果只考虑经济表现，则自己从事再制造比把再制造业务外包出去要好。相反，从政策制定者的角度来看，企业把再制造业务外包出去对环境要更好。因此，在实际中没有必要过度鼓励企业自己进行再制造。

4.4.5　绿色消费者的作用

在前面几节中，已经分析了产品升级激励、经济表现和环境可持续性

的差异。本节分析绿色消费者的作用，可得以下定理。

定理 4-9 原始产品制造商自己从事再制造和将再制造业务外包出去时产品升级激励的差异，随绿色消费者比例的增加而减小；环境可持续性的差异随绿色消费者比例的增加而增加。

证明： 对于任意的 $0 < k < 1$ 和 $0 < \delta$，易知当绿色消费者的比例较低时，

$$\frac{\partial(K^T - K_1^O)}{\partial\beta} = \frac{-c^2 k(2 + \delta - k)}{2\delta(1-k)(1+\delta-k)(1+\delta)} < 0$$

而当绿色消费者的比例较高时，$K_2^O = K^T$。因此 $\frac{\partial(K^T - K^O)}{\partial\beta} \leq 0$ 总是成立的。

又从定理 4-8 的证明中可知，不管绿色消费者的比例如何，$\frac{\partial(e^O - e^T)}{\partial\beta} > 0$ 总是成立的。

证毕。

当绿色消费者的比例较高时，不管原始产品制造商是自己从事再制造还是将再制造业务外包出去，消费者都会分裂成两个独立的群体。此时原始产品制造商的产品升级激励都相同。而当绿色消费者的比例较低时，原始产品制造商从绿色消费者处获取的利润也较低，因此原始产品制造商不得不降低再制造品的价格以吸引部分一般消费者来购买。这导致原始产品制造商没有多少激励投资于产品研发，且绿色消费者比例越低这种效应就越明显。此外，定理 4-5 已经指出当再制造业务被外包出去时，新产品的定价更低而再制造品的定价更高，这将进一步导致原始产品制造商从新产品的销售中获得更少溢价，因此产品升级激励会随绿色消费者比例的增加而减小。另外由于再制造外包（或者绿色消费者的比例较高时）产生的新/再制造品竞争导致整个消费者群体被分成独立的两个部分，一般消费者只购买新产品，绿色消费者只购买再制造品，而再制造品对环境更友

好。因此环境可持续性的差异随着绿色消费者比例的增加而增加。

4.5 数 值 分 析

前面几节已经从理论上探讨了再制造环境下存在绿色消费者群体时，原始产品制造商的产品升级策略对最优价格、产品升级激励、经济表现和环境可持续性的影响。本节利用数值实验对主要的理论结果进行敏感性分析。

由于本章的结构与第 3 章类似，只是加入了绿色消费者群体，因此仍然将潜在市场规模标准化为 1，并令新产品的生产成本为 $c = 0.4$，消费者对再制造品的价值折扣为 $k = 0.5$。此外，为了聚焦于绿色消费者的影响，假设原始产品制造商的新产品的升级程度为 $\delta = 0.2$，其投资规模参数为 $K = 1.1$。与第 3 章相同，产品的环境总影响仍然包括：生产、使用、废弃和再制造 4 个生命期阶段（Ardito & Dangelico，2018）。与第 3 章的数值实验一样，令单位产品在制造、使用、再制造和废弃处理中的环境影响进行归一化处理，即分别为 $i_n = 0.6$、$i_u = 0.3$、$i_u = 0.7$ 和 $i_d = 0.1$。

首先，关注模型 O 和模型 T 中新产品和再制造品最优价格的差异。通过图 4 - 3 可以看出，就像定理 4 - 5 指出的那样，当绿色消费者占比较小时，即 $\beta^* < 0.32$ 时，原始产品制造商自己从事再制造时新产品的价格总是高于他将再制造业务外包出去的价格，即 $p_n^{O^*} \geqslant p_n^{T^*}$。产生这种现象的主要原因是，当绿色消费者的比例较低时，即 $\beta^* < 0.32$ 时，为了在如此低比例的绿色消费者市场实现利润，原始产品制造商自己将主动降低价格。与此同时，为了让其整体利润最大化，而且面临的再制造品的产品侵蚀效应部位不为严重，原始产品制造商将对新产品设置较高的价格。更进一步，当 $\beta^* < 0.32$ 时，随着绿色消费者的占比的增加，原始产品制造商自己从事再制造时新产品的价格总是增加，而第三方再制造商从事再制造时

新产品的价格却不变。而当 $\beta^* > 0.32$ 时，可以发现当绿色消费者的比例增加时，两个模型中新产品的最优价格变成一样了，即 $p_n^{O^*} = p_n^{T^*} = 0.8$。产生这种现象的主要原因是当绿色消费者的比例较高时，此时消费者群体被分为独立的两部分，原始产品制造商通过降低新产品的价格，能将一般消费者全部锁定在新产品市场，并有效减少了购买再制造品的一般消费者人数，并有效地控制了再制造品对新产品的侵蚀。但是，需要注意的是，此时，绿色消费者仍然全部购买再制造品。

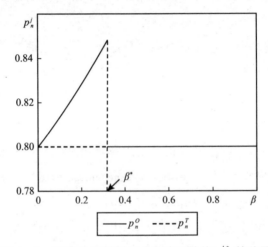

图 4 - 3　模型 O 和模型 T 中新产品价格 $p_n^{j^*}$ 的差异

　　其次，关注模型 O 和模型 T 中再制造品最优价格的差异。通过图 4 - 4 可以看出，正如定理 4 - 5 指出的那样，对于任意的绿色消费者占比 β，当原始产品制造商自己从事再制造时的再制造品价格总是比他将再制造业务外包出去要低，即 $p_r^{O^*} < p_r^{T^*}$。产生这种现象的原因是，第三方再制造商从事再制造时，产品再制造是其唯一的收益来源，为了其自身利润的最大化，第三方再制造商只能通过设置相对较高的价格。与之相反，原始产品制造商自己从事再制造时其利益来源有两块，即，新产品生产和销售及再制造品生产和销售。当原始产品制造商自己从事再制造时，其往往设置较

低的再制造品价格可以在再制造品市场谋求较多的销量。进一步可以发现，当 $\beta^* < 0.32$ 时，绿色消费者的比例增加时，原始产品制造商自己从事再制造时再制造品的价格总是增加，而第三方再制造商从事再制造时新产品的价格却不变，于是两个模型中再制造品最优价格的差异缩小了。而当 $\beta^* > 0.32$ 时，可以发现当绿色消费者的比例增加时，两个模型中再制造品的最优价格均不再变化，但 $p_r^{O^*} = 0.5 < p_r^{T^*} = 0.8$。产生这种现象的主要原因是当绿色消费者的比例较高时，第三方再制造商可以对再制造品采用高价策略，从绿色消费者那里获取更大的利润，导致一般消费者被挤出再制造品市场。同时原始产品制造商对新产品采用相对较低的定价策略，可以将一般消费者牢牢地锁定在新产品市场，而且此时消费者群体也被分为独立的两部分。

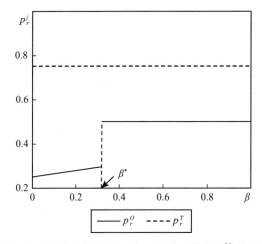

图 4-4　模型 O 和模型 T 中再制造品价格 $p_r^{j^*}$ 的差异

再次，分析两类再制造情形下的原始产品制造商产品升级意愿。图 4-5 揭示了两个重要现象。其一，就像定理 4-6 指出的那样，当绿色消费者占比较小时，即 $\beta^* < 0.32$ 时，原始产品制造商自己从事再制造时他进行产品升级的激励总是比他将再制造业务外包出去要低，即 $K^O < K^T$。

该现象原因有，由于第三方再制造商是一个独立的经济成员，他唯一收益来源就是产品再制造，因此他只会考虑如何从再制造中来最大化自己的收益，潜在的产品侵蚀现象就不能忽视。于是，当绿色消费者占比较小时，即 $\beta^* < 0.32$ 时，面对第三方再制造商再制造品的激烈竞争，原始产品制造商为了最大化自己的收益就不得不在产品研发上投入资金，提高产品质量，以此来将自己的升级产品与再制造品进行最大程度的区分，在一定意义上恢复自己的垄断溢价。特别需要指出的是，当绿色消费者占比较小时，即 $\beta^* < 0.32$ 时，两个模型中产品升级激励均随绿色消费者占比的增加而降低，但当原始产品制造商自己从事再制造时的新产品升级激励减小幅度不及第三方再制造从事再制造时的新产品升级激励减小，于是两者差异随着绿色消费者比例的提升而缩小了。其二，当该比例超过一个阈值时，即 $\beta^* > 0.32$，两个模型中产品升级激励的差异消失了，即 $K^O = K^T$。这与第 3 章的情形完全不一样，也凸显了绿色消费者带来的影响。产生这种现象的主要原因还是因为当绿色消费者的比例较高时（超过了一个阈值），消费者群体被分成了独立的两个部分。

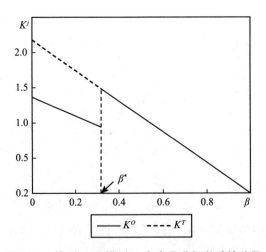

图 4 - 5 模型 O 和模型 T 中产品升级激励的差异

　　图 4 - 6 则揭示了再制造分别由原始产品制造商或者第三方再制造商承担时双方经济表现差异的两个重要现象。其一，就像定理 4 - 7 指出的那样，当原始产品制造商自己从事再制造时他的利润总是比他将再制造业务外包出去要大，即 $\pi_o^{T*} < \pi_o^{O*}$。其中的原因在于，当原始产品制造商自己从事再制造时，新产品和再制造品都由原始产品制造商生产；而在再制造业务外包时，只有新产品由原始产品制造商生产，再制造品由第三方再制造商生产。因此，当原始产品制造商自己从事再制造时，他是一个垄断者，可以谋求到最大的利润。而在再制造业务外包时，他还得面临第三方再制造商再制造品的竞争。这导致在再制造业务外包时，虽然原始产品制造商生产的新产品数量更多，但同时也降低了其边际收益。此外，从增加的新产品销售得到的利润不够补偿再制造品对其新产品造成的利润侵蚀，于是原始产品制造商的利润更低。其二，当绿色消费者的比例增加时，两个模型中原始产品制造商经济表现的差异增大了。具体地说，在模型 O 中原始产品制造商的利润随着绿色消费者比例的增加而增加；但在模型 T 中原始产品制造商的利润却随着绿色消费者比例的增加而减小，特别是当绿色消费者的比例超过一个阈值时，这种差异变得更大。这与第 3 章两个模型中原始产品制造商经济表现的差异完全不同，绿色消费者群体的存在导致了这种不同。

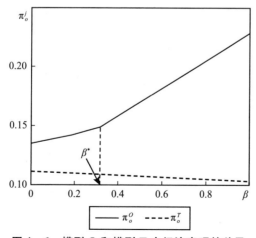

图 4 - 6　模型 O 和模型 T 中经济表现的差异

最后，再来看环境可持续性的比较。通过图 4 - 7 可以看出，就像定理 4 - 8 指出的那样，模型 O 中的环境总影响比模型 T 要大，即 $e^O > e^T$。当原始产品制造商自己从事再制造时，新产品和再制造品都由原始产品制造商生产；而在再制造业务外包时，只有新产品由原始产品制造商生产，再制造品由第三方再制造商生产。因此，当原始产品制造商自己从事再制造时，他是一个垄断者，为了谋求到更多的利润，其不仅回收更多的废旧产品来进行再制造，而且原始产品制造商可能生产过量的新产品，从而扩大再制造品的再制造材料。而在再制造业务外包时，他还得面临第三方再制造商再制造品的竞争。这导致在再制造业务外包时，虽然原始产品制造商生产的新产品数量更多，但同时也降低了其边际收益。为了降低再制造品的侵蚀，原始产品制造商会相对收紧新产品的生产，从而有效控制再制造品的生产材料。特别是当原始产品制造商自己从事再制造时，他都会过量生产新产品和再制造品，即 $q_n^O + q_r^O > q_n^T + q_r^T$。这会导致模型 O 中消费者使用产品（无论是新产品还是再制造品）产生的环境影响更大。此外，再制造过程产生的环境影响在模型 O 中同样更大。当 $\theta > \theta_1$ 时，这两种环境影响加在一起超过了新产品生产和废弃处理中的环境影响，导致在模型 O 中的总环境影响比模型 T 更大，即 $e^O > e^T$。

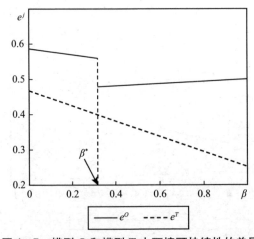

图 4 - 7　模型 O 和模型 T 中环境可持续性的差异

而这种差异一般是随绿色消费者比例的增加而增大的，这一点与第 3 章不存在绿色消费者群体时不尽相同。主要原因还是绿色消费者群体只购买再制造品，这本身就是对环境友好的行为，而将再制造业务外包，促进了再制造品的生产，因而对环境更有利。

4.6　本章小结

随着全球不可再生资源短缺，气候变暖等资源环境问题的加剧，促进绿色消费，加快消费向绿色转型，创造绿色可持续的消费环境，是我国顺应消费升级趋势、推动供给侧结构性改革、培育新的经济增长点的重要手段，也是缓解资源环境压力、建设生态文明的现实需要。在此背景下，消费者的环保意识不断增强，"绿色消费者"应运而生，他们认为企业必须承担起环保责任并考虑将其产品回收和再制造，因为再制造的产品体现了绿色发展理念，包含更多的节能环保因素。绿色消费者更强的环保意识，使得他们往往更倾向于购买对环境更为友好的再制造产品，这种绿色消费理念在一定程度上将影响新产品和再制造品的产品侵蚀问题。特别地，在面临绿色消费者时，原始产品制造商的产品升级策略将更为重要，因为其能为新产品提供更为贴切的新功能，从而让消费者，甚至绿色消费者，在不同产品间显现出不同偏好。然而，现有再制造产品的研究中，更多假设市场消费者是同质的，且对再制造产品的效用低于新产品，事实上，我国的绿色消费者规模不断增加，他们对再制造产品管理的影响是不容忽视的。

因此，本章区分一般消费者和绿色消费者，进一步深入地讨论绿色消费者情形下的原始产品制造商产品升级策略问题。

本章考虑了绿色消费者的存在，再制造分别由原始产品制造商自己从事或者外包给一个独立的第三方再制造商时，原始产品制造商的产品升级决策问题。

　　首先，考虑原始产品制造商自己从事再制造的情形（模型 O）。此时，原始产品制造商在第 1 阶段决策是否投资于产品升级，在第 2 阶段确定新产品和再制造品的最优价格，通过一阶条件求解了原始产品制造商的最优决策问题。研究表明，绿色消费者的比例存在一个阈值，高于或者低于该阈值分别对应不同的最优决策，且当绿色消费者的比例较低时，原始产品制造商会适当提高新产品的价格，将再制造品的价格压得较低。

　　其次，研究再制造业务被外包给一个独立的第三方再制造商的情形（模型 T）。此时，在第 1 阶段原始产品制造商仍然决策是否投资于产品升级，但在第 2 阶段原始产品制造商确定给第三方再制造商的再制造授权费后，与第三方再制造商同时决策新产品和再制造品的最优价格。通过构建两阶段 Stackelberg 博弈模型，运用逆向归纳法求解原始产品制造商和第三方再制造商的最优决策问题。

　　再次，比较了两种模型下均衡结果的差异。研究表明，原始产品制造商自己从事再制造时的最优新（再制造）产品价格总是不低于（不高于）将再制造业务外包给第三方再制造商。这种差异对原始产品制造商产品升级激励的影响则是：当再制造业务被外包给第三方再制造商时，原始产品制造商总是有更高的激励进行产品升级。另外，这种差异对原始产品制造商和第三方再制造商经济表现和环境可持续性的启示则是：将再制造业务外包给第三方再制造商对原始产品制造商的利润总是不利的；将再制造业务外包给第三方再制造商比原始产品制造商自己从事再制造对环境更有利。而绿色消费者群体在整个博弈中的作用则是：原始产品制造商自己从事再制造和将再制造业务外包出去时产品升级激励的差异，随绿色消费者比例的增加而减小；环境可持续性的差异随绿色消费者比例的增加而增加。

　　最后，用一个数值实验将主要结论可视化，以便提供一个直观的感受。

　　从当前研究来看，关于再制造背景下的产品升级策略文献通常没有考虑绿色消费者的影响，而随着消费者环保意识越来越强，绿色消费者群体不可忽视。特别是，近年来，我国的绿色消费者不断增多。而政府也着力促进消费向绿色转型，并加大绿色消费理念的宣传教育，经常性地倡导绿色消费行为。因此，基于我国当前的这一重要的实践背景，本章的研究为存在绿色消费者群体时，再制造背景下原始产品制造商的产品升级决策提供了理论依据和决策参考。

第 5 章　再制造环境下的产品
兼容性设计策略研究

　　近几十年来，消费者对产品多样化和定制化的需要一直在稳步增长。这不仅增大了产品生产过程的复杂度，也给生产效率的提升带来了负面影响（Tookanlou & Wong，2020；Liu et al.，2019；Huang et al.，2019）。幸运的是，过程系统工程中的一些产品创新策略，包括模块化设计和通用组件等产品兼容性设计技术，已经被业界广泛采用来满足消费者日益增长的个性化需求。如今，在汽车零配件、电子、家具和电器等行业的工艺系统中，兼容性设计已经是一种非常常见的技术（Wu，2013）。例如，通过在汽车发动机、悬架和变速箱上采用兼容性设计，大众汽车减轻了产品高复杂度带来的不利影响，并以制造成本的少量增长获得了最大的市场份额（Gabe & Nelson，2014）。丰田汽车也推出了一款全新的模块化车辆架构，该架构具有足够的通用性，能作为小型和大型车以及介于两者之间所有型号车辆的基础，并同时支持前轮和后轮驱动布局（Cao et al.，2018）。尽管兼容性设计降低了产品的制造成本，但它也减少了产品之间的差异，加剧了产品之间的产品侵蚀效应（Desai et al.，2001；Zhab & Hu，2019；Hamed et al.，2018；Hong et al.，2020）。

　　与第 3 章和第 4 章的研究类似，本章首先构建模型 O 和模型 T。在模型 O 中原始产品制造商自己从事再制造；而在模型 T 中则将再制造外包给一个独立的第三方再制造商，授权其进行再制造。其次比较这两个模型在最优兼容度、新/再制造品最优生产数量、经济表现、环境可持续性和社会福利方面的差异。再次根据兼容性设计成本比例系数 k 的大小，分别给出一个收益分享合同和一个补贴激励机制来协调模型 T 中整个供应链的利润。最后用一个数值分析将主要的结论再阐述一遍，以期获得更深入的理解。

本章后续的结构安排为：5.1 节为模型描述和假设；5.2 节是原始产品制造商自己从事再制造时的决策问题（模型 O）；5.3 节则研究再制造业务被外包给一个独立的第三方再制造商时的决策问题（模型 T）；5.4 节将模型 O 与模型 T 在产品兼容度、新/再制造品最优生产数量、经济表现、环境影响和社会福利 5 个维度下作比较，讨论原始产品制造商产品兼容性设计策略所起的作用，并给出相关管理启示；5.5 节给出了两个协调机制促使原始产品制造商将再制造外包；5.6 节用数值实验对主要结论作敏感性分析；5.7 节对本章进行总结。

5.1 模型描述和假设

本章主要探讨原始产品制造商在兼容性设计上的策略选择如何影响再制造的经济、环境和社会福利，为此考虑两个模型：模型 O 和模型 T。在模型 O 中，原始产品制造商除了决策产品的兼容度外自己也会从事再制造。事实上许多原始产品制造商都会自己将旧产品再制造成再制造品，因此这个假设与现实相符。例如，世界上最大的再制造运营商之一的佳能（Cannon）就在喷墨墨盒上引入了兼容性设计，并运营再制造业务多年（Mesa et al.，2017）。而在模型 T 中，原始产品制造商则将再制造业务外包给一个独立的第三方再制造商，授权其进行再制造。该假设在现实中也有很多对应的企业。例如 Apple、IBM 和 Land Rover 都曾经将再制造业务外包给了一些独立的第三方再制造商（Zou et al.，2016）。

假设 5 – 1　兼容性设计意味着产品能够被毫不费力地组装和拆卸，因此生产成本和再制造成本都会降低，即新产品生产的单位成本为 $c_n - s$；再制造的单位成本为 $c_r - \gamma s$。其中 $0 < \gamma < 1$ 代表兼容性设计中新产品到再制造品的溢出效应。

假设单位产品的生产成本和再制造成本分别为 c_n 和 c_r。由于再制造的成本通常比新产品的生产成本要低（Zhang & Chen，2020），因此进一步假设 $c_r \leqslant c_n$。事实上再制造成本一般比新产品的生产成本要低 40%（Rosokha & Younge，2020）。如果产品在设计时一开始就考虑了兼容性，则生产过程和再制造过程的效率会更高。因此，设计上的高兼容度会直接降低生产和再制造的成本（Wu，2013）。令 s 表示原始产品制造商在产品设计上的兼容度，则单位新产品的生产成本为 $c_n - s$，单位再制造品的再制造成本为 $c_r - \gamma s$。其中，$0 < \gamma < 1$ 代表兼容性设计中新产品到再制造品的溢出效应，类似假设在再制造领域较为常见，具体参见奥斯德米尔等（2014）和德赛等（2001）的研究。

假设采用兼容性设计策略的成本为 $\phi = k \dfrac{s^2}{2}$。容易看出这是兼容度 s 的二次函数，其中 $k > 0$ 是兼容性设计成本 ϕ 的比例系数。该成本函数与投资努力的成本函数类似，而兼容度 s 可被看作是一种投资努力。为了刻画投资带来的收益的逐渐减少，采用 $k > 0$ 作为比例系数。类似结构的成本函数常常在再制造领域的质量选择中被使用。例如，吴（Wu，2013）以及摩克波提耶和塞托普特罗（Mukhopadhyay & Setoputro，2005）就用类似的成本函数研究了兼容性设计带来的额外成本。

假设 5 – 2　消费者对于新产品和再制造品的支付意愿是不同的。与前面几章一样，假设每位消费者都认为再制造品的价值不如新产品，其折扣为 $0 \leqslant v \leqslant 1$。

本章假设消费者群体已经被标准化为 1（Debo et al.，2005），每位消费者对新产品的支付意愿都是 u，且 $0 \leqslant u \leqslant 1$。与马等（Ma et al.，2020）

的假设类似，每位消费者认为再制造品的价值不如新产品，其折扣为 $0 \leqslant$ $v \leqslant 1$。基于消费者对新产品和再制造品支付意愿的异质性，假设他从新产品获得的净效用为 $U_n = u - p_n$，从再制造品获得的净效用为 $U_r = vu - p_r$。因此，可以推导出新产品和再制造品的逆需求函数分别为

$$p_n = 1 - q_n - vq_r$$
$$p_r = v(1 - q_n - q_r) \qquad (5-1)$$

假设 5-3 博弈双方都在一个单周期模型下最大化自己的收益。事件发生顺序为：原始产品制造商首先决策产品的兼容度 s 和将再制造外包出去的授权费 f；其次原始产品制造商和第三方再制造商再同时决策新产品和再制造品的生产数量 q_n 和 q_r。

单周期模型意味着当所有的新产品都被消费者购买后能被回收来立即再使用（Zou et al.，2016；Galbreth et al.，2013）。因此假设所有的新产品变旧后都能被回收来进行再制造。

本章所用到的参数及其含义见表 5-1。

表 5-1 主要参数及其含义

参数	含义
u	消费者对新产品的支付意愿
v	消费者对再制造品的价值折扣
k	兼容性设计成本的比例系数
γ	兼容性设计的溢出效应
f	向独立第三方再制造商收取的再制造授权费
s	产品的兼容度
i	下标，$i = m$（原始产品制造商），$3p$（第三方再制造商），d（产业）
j	下标，$j \in \{O, T\}$ 分别表示模型 O 和 T
c_n	单位新产品的生产成本

参数	含义
c_r	单位再制造品的生产成本
i_n	单位新产品的环境影响
i_r	单位再制造品的环境影响
q_n	新产品的生产数量
q_r	再制造品的生产数量
CS^j	模型 $j \in \{O, T\}$ 下的消费者剩余
sw^j	模型 $j \in \{O, T\}$ 下的社会福利
π_i^j	模型 $j \in \{O, T\}$ 下决策者 i 的利润
E^j	模型 $j \in \{O, T\}$ 下的环境影响

5.2 原始产品制造商从事再制造（模型 O）

与第 3 章和第 4 章类似，基于部分原始产品制造商，如佳能等，在从事喷墨墨盒等新产品生产的同时，会开展新产品与再制造品的兼容性设计。于是，仍构建模型 O。即，在模型 O 中，原始产品制造商进行产品兼容性决策，在作出新产品是否向再制造品兼容决策后，在第 2 阶段，原始产品制造商将分别对新产品和再制造进行最优产量的决策。

在模型 O 中，原始产品制造商首先决策产品的兼容度 s，然后选择新产品和再制造品的生产数量 q_n 和 q_r。原始产品制造商的决策问题可以表示为

$$\max_{q_n, q_r} \pi_m^O = (p_n - c_n + s) q_n + (p_r - c_r + \gamma s) q_r - \frac{1}{2} k s^2 \qquad (5-2)$$

其中，前两项分别是原始产品制造商销售新产品和再制造品的利润，最后一项是进行兼容性设计的成本。

根据上述方程，可得其海塞矩阵为

$$H_2 = \begin{vmatrix} \dfrac{\partial^2 \pi_m^o}{\partial q_n^2} & \dfrac{\partial^2 \pi_m^o}{\partial q_n \partial q_r} \\ \dfrac{\partial^2 \pi_m^o}{\partial q_r \partial q_n} & \dfrac{\partial^2 \pi_m^o}{q_r^2} \end{vmatrix} = \begin{vmatrix} -2 & -2v \\ -2v & -2v \end{vmatrix}$$

上述一阶海塞矩阵 $H_1 = -2 < 0$，由于 $0 < v < 1$，于是其二阶海塞矩阵 $H_2 > 0$。即，原有方程有最大根，因此，利用一阶偏导法可以得到原始产品制造商的新产品和再制造品的最优数量分别为

$$q_n^{o*} = \frac{c_r \gamma - 2kv - \gamma v - c_n \gamma^2 + 2kv^2 + \gamma^2 + 2c_n kv - 2c_r kv}{2(v - 2kv - 2\gamma v + 2kv^2 + \gamma^2)}$$

$$q_r^{o*} = \frac{-(c_r + \gamma - v - 2c_r k - c_n \gamma + 2c_n kv)}{2(v - 2kv - 2\gamma v + 2kv^2 + \gamma^2)}$$

将 q_n^{o*} 和 q_r^{o*} 代回原始产品制造商的利润函数再对 s 求最优解可得产品设计的最优兼容度为

$$s^{o*} = \frac{-(v - c_r \gamma - c_n v + c_r v - v^2 + c_n \gamma v)}{v - 2kv - 2\gamma v + 2kv^2 + \gamma^2}$$

将 q_n^{o*}、q_r^{o*} 和 s^{o*} 代回原始产品制造商的利润函数，可得其最优利润为

$$\pi_m^{o*} = \frac{\begin{array}{c} 2c_r \gamma - 2c_r v - 2kv - 2\gamma v - 2c_r^2 k - 2c_n \gamma^2 + 2kv^2 + c_r^2 + \gamma^2 + v^2 \\ + c_n^2 \gamma^2 - 4c_n kv^2 - 2c_n^2 kv - 2c_n c_r \gamma + 4c_n kv + 2c_n \gamma v + 4c_n c_r kv \end{array}}{4(v - 2kv - 2\gamma v + 2kv^2 + \gamma^2)}$$

5.3 第三方再制造商从事再制造（模型 T）

与第 3 章和第 4 章类似，在实践中，许多原始产品制造商，包括

Apple、IBM 和 Land Rover 等，自己不进行再制造，而是将再制造业务外包给独立的第三方再制造商（Xiong et al.，2013）。即，假设市场上有一个原始产品制造商在生产新产品，他能决策是否将新产品向再制造品兼容。此外，他还将再制造业务外包给第三方制造商。即，与模型 O 不同，在模型 T 中再制造业务被外包给一个独立的第三方再制造商。

该模型的博弈顺序如下：第 1 阶段原始产品制造商决策是否投资于产品兼容；第 2 阶段原始产品制造商确定给第三方再制造商的再制造授权费 f，接着原始产品制造商和第三方再制造商再同时决策新产品和再制造品的最优数量 q_n^* 和 q_r^*。

于是，原始产品制造商和第三方再制造商的决策问题分别为

$$\max_{s,f,q_n} \pi_m^T = (p_n - c_n + s) q_n + q_r f - \frac{1}{2} k s^2$$

$$\max_{q_r} \pi_{3p}^T = (p_r - c_r - f + \gamma s) q_r \qquad (5-3)$$

将式（5-1）代入式（5-3），由一阶条件联立上述方程组对 q_n 和 q_r 求最优可得新产品和再制造品的最优生产数量分别为

$$q_n^{T*} = \frac{\begin{array}{c} 2c_r\gamma - c_r v - 8kv - 3\gamma v - 2c_n\gamma^2 + 3kv^2 + 2\gamma^2 + v^2 \\ - c_n kv^2 + 8c_n kv - 2c_r kv + c_n\gamma v \end{array}}{8v - 16kv - 8\gamma v + 6kv^2 + 4\gamma^2 + v^2}$$

$$q_r^{T*} = \frac{-(2c_r + 2\gamma - 2v - 4c_r k - 2c_n\gamma + 4c_n kv)}{8v - 16kv - 8\gamma v + 6kv^2 + 4\gamma^2 + v^2}$$

将 q_n^{T*} 和 q_r^{T*} 代回原始产品制造商的利润函数，随后，可得到该利润函数的海塞矩阵为

$$\boldsymbol{H}_2 = \begin{vmatrix} \dfrac{\partial^2 \pi_m^O}{\partial f^2} & \dfrac{\partial^2 \pi_m^O}{\partial f \partial s} \\ \dfrac{\partial^2 \pi_m^O}{\partial s \partial f} & \dfrac{\partial^2 \pi_m^O}{\partial s^2} \end{vmatrix} = \begin{vmatrix} \dfrac{2(3v-8)}{(v-4)^2 v} & \dfrac{-4vr + 8r + v^2}{(v-4)^2 v} \\ \dfrac{-4vr + 8r + v^2}{(v-4)^2 v} & \dfrac{-(kv^2 - 8kv + 16k - 8 + 8r - 2r^2)}{(v-4)^2} \end{vmatrix}$$

由于 $0 < v < 1$，$\dfrac{v}{2-v} < \gamma$，$\dfrac{r+1}{2(v+1)} < k$，可以得到上述一阶海塞矩阵 $\boldsymbol{H}_1 = -2 < 0$，而其二阶海塞矩阵 $\boldsymbol{H}_2 > 0$。因此，上述方程具有最大根，因此，利用一阶偏导法可以得到原始产品制造商的新产品和再制造品的最优数量分别为

$$q_n^{T*} = \frac{\begin{array}{c} 2c_r\gamma - c_r v - 8kv - 3\gamma v - 2c_n\gamma^2 + 3kv^2 + 2\gamma^2 + v^2 \\ -c_n kv^2 + 8c_n kv - 2c_r kv + c_n \gamma v \end{array}}{8v - 16kv - 8\gamma v + 6kv^2 + 4\gamma^2 + v^2}$$

$$q_r^{T*} = \frac{-(2c_r + 2\gamma - 2v - 4c_r k - 2c_n\gamma + 4c_n kv)}{8v - 16kv - 8\gamma v + 6kv^2 + 4\gamma^2 + v^2}$$

对 s 和 f 使用一阶条件可得产品设计的最优兼容度和最优授权费分别为

$$s^{T*} = \frac{4c_r\gamma - 8v + 8c_n v - 4c_r v + c_n v^2 + 3v^2 - 4c_n\gamma v}{8v - 16kv - 8\gamma v + 6kv^2 + 4\gamma^2 + v^2}$$

$$f^{T*} = \frac{\begin{array}{c} v\,(4v - 4\gamma - 4c_r + 8c_r k + 4c_n\gamma + 2c_r\gamma - 8kv - 2\gamma v \\ -2c_n\gamma^2 + 3kv^2 + 2\gamma^2 + c_n kv^2 - 4c_r kv) \end{array}}{8v - 16kv - 8\gamma v + 6kv^2 + 4\gamma^2 + v^2}$$

将 q_n^{T*}、q_r^{T*}、s^* 和 f^* 代回原始产品制造商和第三方再制造商的利润函数，可得他们的最优利润分别为

$$\pi_m^{T*} = \frac{\left[\begin{array}{c} 4c_r\gamma - 4c_r v - 8kv - 4\gamma v - 4c_r^2 k - 4c_n\gamma^2 + 3kv^2 + 2c_r^2 + 2\gamma^2 + 2v^2 + 2c_n^2\gamma^2 \\ -6c_n kv^2 - 8c_n^2 kv - c_n^2 kv^2 - 4c_n c_r\gamma + 16c_n kv + 4c_n\gamma v + 8c_n c_r kv \end{array}\right]}{2(8v - 16kv - 8\gamma v + 6kv^2 + 4\gamma^2 + v^2)}$$

$$\pi_{3p}^{T*} = \frac{4v(c_r + \gamma - v - 2c_r k - c_n\gamma + 2c_n kv)^2}{(8v - 16kv - 8\gamma v + 6kv^2 + 4\gamma^2 + v^2)^2}$$

为了确保新产品和再制造品的生产数量大于等于 0，并且再制造品的数量不超过新产品，即 $0 \leqslant q_r \leqslant q_n$（因为再制造的原材料都由新产品变旧

而来），借鉴张等（2020）进一步作以下假设。

假设 5 - 4 单位新产品和再制造品的生产成本 c_n、c_r 和兼容性设计成本的比例系数 k 必须满足

$$\frac{2c_n kv - c_n \gamma + \gamma - v}{2k - 1} < c_r$$

$$c_r < \frac{2\gamma - 2v - 2c_n \gamma - 8kv - 3\gamma v - 2c_n \gamma^2 + 3kv^2 + 2\gamma^2 + v^2 - c_n kv^2 + 12c_n kv + c_n \gamma v}{4k - 2\gamma + v + 2kv - 2}$$

$$\frac{1}{2} < k < \frac{-(v^2 - 8v\gamma + 4\gamma^2 + 8v)}{2v(3v - 8)}$$

假设 5 - 4 意味着如果单位再制造品的生产成本过高，原始产品制造商或者第三方再制造商都不会进行再制造品，即 $q_r^{i^*} = 0$；此外当再制造的成本过低，原始产品制造商将不愿提供足够的新产品来进行再制造，导致 $q_n \leqslant q_r$（周杰，2018；Oersdemir et al. , 2014）。

5.4 模 型 分 析

前面两节给出了再制造品分别由原始产品制造商和第三方再制造商生产时的均衡结果，接下来将比较模型 O 和模型 T 在经济表现、环境可持续性和社会福利方面的差异。最后给出一个收益分享合同和一个补贴激励机制来提升双方的利润和环境可持续性。

5.4.1 最优兼容度的比较

本节首先分析模型 O 和模型 T 中产品设计兼容度的差异，接着比较新产品和再制造品在两种模型下的差异，可得以下定理。

定理 5 - 1 当原始产品制造商自己从事再制造时产品的兼容度总是高于他将再制造业务外包给第三方再制造商，即 $s^{O*} > s^{T*}$。

证明： 此时模型 O 和模型 T 中，最优交换度分别为

$$s^{O*} = \frac{-(v - c_r\gamma - c_n v + c_r v - v^2 + c_n\gamma v)}{v - 2kv - 2\gamma v + 2kv^2 + \gamma^2}$$

$$s^{T*} = \frac{4c_r\gamma - 8v + 8c_n v - 4c_r v + c_n v^2 + 3v^2 - 4c_n\gamma v}{8v - 16kv - 8\gamma v + 6kv^2 + 4\gamma^2 + v^2}$$

要证明 $s^{O*} > s^{T*}$，即要证明

$$s^{O*} - s^{T*} = \frac{-(v - c_r\gamma - c_n v + c_r v - v^2 + c_n\gamma v)}{v - 2kv - 2\gamma v + 2kv^2 + \gamma^2}$$
$$- \frac{4c_r\gamma - 8v + 8c_n v - 4c_r v + c_n v^2 + 3v^2 - 4c_n\gamma v}{8v - 16kv - 8\gamma v + 6kv^2 + 4\gamma^2 + v^2} > 0$$

为此定义

$$\underline{c_r} = \frac{2c_n kv - c_n\gamma + \gamma - v}{2k - 1}$$

$$\overline{c_r} = \frac{2\gamma - 2v - 2c_n\gamma - 8kv - 3\gamma v - 2c_n\gamma^2 + 3kv^2 + 2\gamma^2 + v^2 - c_n kv^2 + 12c_n kv + c_n\gamma v}{4k - 2\gamma + v + 2kv - 2}$$

$$\underline{k} = \frac{1}{2}$$

$$\overline{k} = \frac{-(v^2 - 8v\gamma + 4\gamma^2 + 8v)}{2v(3v - 8)}$$

令 $F(c_r) = s^{O*} - s^{T*}$，则

$$\frac{\partial F(c_r)}{\partial c_r} = \frac{v(v - \gamma)(v + 4)(2k - 1)}{(2kv^2 + \gamma^2 - 2\gamma v - 2kv + v)(6kv^2 + 4\gamma^2 - 8\gamma v - 16kv + v^2 + 8v)}$$

易知在区间 $(\underline{c_r}, \overline{c_r})$ 内 $\dfrac{\partial F(c_r)}{\partial c_r} > 0$ 总是成立的，即 $F(c_r)$ 在此区间内是单调递增函数。接着求解 $F(c_r) = 0$，可得 $c_r^* = \dfrac{2c_n kv - c_n\gamma + \gamma - v}{2k - 1}$

并且 $c_r^* \leqslant \underline{c_r}$。因此对任意的 $c_r \in (\underline{c_r}, \overline{c_r})$，函数 $F(c_r)$ 都大于零，即 $s^{O^*} > s^{T^*}$。

证毕。

定理 5 - 1 指出当再制造业务被外包给第三方再制造商时，原始产品制造商会降低产品的兼容度以削弱来自再制造品的产品侵蚀效应。这是由于产品的兼容度较高会直接拉低新产品和再制造品的生产成本。因此，当新产品和再制造品都由原始产品制造商生产时他有足够的激励来提高产品的兼容度，以此降低自己的总成本。但是当再制造品由第三方再制造商提供时，情形就不同了。此时在第三方再制造商再制造品激烈的竞争下，原始产品制造商不得不降低产品的兼容度，以增加第三方再制造商进行再制造的难度。

惠普公司也曾指出，当原始产品制造商和再制造商不存在直接竞争时，再制造产品的可拆卸功能方面进行专门设计似乎对原始产品制造商有利（Wu，2012）。例如 Xerox 就自己从事再制造业务，并从再制造实践中获利颇丰。这是由于 Xerox 在产品的兼容性设计上投资巨大，使得他的产品易于拆卸，因此进行再制造的成本很低（Kerr & Ryan，2001）。然而当原始产品制造商和再制造商面临直接竞争时，一些原始产品制造商就会降低产品的可拆卸功能，以削弱来自再制造品的竞争。例如，在打印机墨盒产业，一些原始产品制造商（如惠普）曾经通过采用一次性墨盒来降低组件的兼容度，以限制其他再制造商进行再制造，削弱产品侵蚀效应（Wu，2012；HP Inc，2021）。

刘等（Liu et al.，2019）的研究也部分支持定理 5 - 1 的结论。他们指出当原始产品制造商不参与再制造时，他在产品的兼容度方面会表现得相当消极。然而与他们的研究不同的是，本章还考虑了再制造环境的情形。更重要的是，他们基于不同产品线的兼容性设计的结论不能直接推广到再制造可以外包的情况。

定理 5 - 2 原始产品制造商自己从事再制造时的最优新（再制造）产品生产数量总是低于（高于）将再制造业务外包给第三方再制造商，即 $q_n^{O*} > q_n^{T*}$（$q_r^{O*} < q_r^{T*}$）。

证明：

（1）此时模型 O 和模型 T 中，新产品的最优生产数量分别为

$$q_n^{O*} = \frac{c_r\gamma - 2kv - \gamma v - c_n\gamma^2 + 2kv^2 + \gamma^2 + 2c_nkv - 2c_rkv}{2(v - 2kv - 2\gamma v + 2kv^2 + \gamma^2)}$$

$$q_n^{T*} = \frac{2c_r\gamma - c_rv - 8kv - 3\gamma v - 2c_n\gamma^2 + 3kv^2 + 2\gamma^2 + v^2}{8v - 16kv - 8\gamma v + 6kv^2 + 4\gamma^2 + v^2}$$

要证明 $q_n^{O*} > q_n^{T*}$，即要证明

$$q_n^{O*} - q_n^{T*} = \frac{v(2kv^2 + 2\gamma^2 - 3\gamma v - 12kv + 4\gamma + 2v)(2c_nkv - c_n\gamma - 2c_rk + c_r + \gamma + v)}{2(2kv^2 + \gamma^2 - 2\gamma v - 2kv + v)(6kv^2 + 4\gamma^2 - 8\gamma v - 16kv + v^2 + 8v)}$$
$$> 0$$

令 $H(c_r) = q_n^{O*} - q_n^{T*}$，则

$$\frac{\partial H(c_r)}{\partial c_r} = \frac{v(1 - 2k)(2kv^2 + 2\gamma^2 - 3\gamma v - 12kv + 4\gamma + 2v)}{2(2kv^2 + \gamma^2 - 2\gamma v - 2kv + v)(6kv^2 + 4\gamma^2 - 8\gamma v - 16kv + v^2 + 8v)}$$

易知在区间 $(\underline{c_r}, \overline{c_r})$ 内 $\frac{\partial H(c_r)}{\partial c_r} > 0$ 总是成立的，即 $H(c_r)$ 在此区间内是单调递增函数。接着求解 $H(c_r) = 0$，可得 $c_r^* = \frac{2c_nkv - c_n\gamma + \gamma - v}{2k - 1}$ 并且 $c_r^* < \underline{c_r}$。因此对任意的 $c_r \in (\underline{c_r}, \overline{c_r})$，函数 $H(c_r)$ 都大于零，即 $q_n^{O*} > q_n^{T*}$。

（2）此时在模型 O 和模型 T 中，再制造品的最优生产数量分别为

$$q_r^{O*} = \frac{-(c_r + \gamma - v - 2c_r k - c_n \gamma + 2c_n kv)}{2(v - 2kv - 2\gamma v + 2kv^2 + \gamma^2)}$$

$$q_r^{O*} = \frac{-(c_r + \gamma - v - 2c_r k - c_n \gamma + 2c_n kv)}{2(v - 2kv - 2\gamma v + 2kv^2 + \gamma^2)}$$

要证明 $q_r^{O*} < q_r^{T*}$，即要证明

$$q_r^{O*} - q_r^{T*} = \frac{-(c_r + \gamma - v - 2c_r k - c_n \gamma + 2c_n kv)}{2(v - 2kv - 2\gamma v + 2kv^2 + \gamma^2)}$$

$$-\frac{-(2c_r + 2\gamma - 2v - 4c_r k - 2c_n \gamma + 4c_n kv)}{8v - 16kv - 8\gamma v + 6kv^2 + 4\gamma^2 + v^2} < 0$$

令 $L(c_r) = q_r^{O*} - q_r^{T*}$，则

$$\frac{\partial L(c_r)}{\partial c_r} = \frac{-v(2k-1)^2(v+4)}{2(2kv^2 + \gamma^2 - 2\gamma v - 2kv + v)(6kv^2 + 4\gamma^2 - 8\gamma v - 16kv + v^2 + 8v)}$$

可知在区间 $(\underline{c_r}, \overline{c_r})$ 内 $\dfrac{\partial L(c_r)}{\partial c_r} < 0$ 总是成立的，即 $L(c_r)$ 在此区间

内是单调递减函数。接着求解 $L(c_r) = 0$，可得 $c_r^* = \dfrac{2c_n kv - c_n \gamma + \gamma - v}{2k-1}$ 并

且 $c_r^* < \underline{c_r}$。因此对任意的 $c_r \in (\underline{c_r}, \overline{c_r})$，函数 $L(c_r)$ 都小于零，即 $q_r^{O*} < q_r^{T*}$。

证毕。

5.4.2　经济表现的比较

比较博弈双方在模型 O 和模型 T 中经济表现的差异，可得以下定理。

定理 5-3　将再制造业务外包给第三方再制造商对原始产品制造商的利润总是不利的，即 $\pi_o^{T*} < \pi_o^{O*}$。

证明： 模型 O 和模型 T 中，原始产品制造商的最优利润分别为

$$\pi_m^{O*} = \frac{\left[\begin{array}{l}2c_r\gamma - 2c_rv - 2kv - 2\gamma v - 2c_r^2k - 2c_n\gamma^2 + 2kv^2 + c_r^2 + \gamma^2 + v^2 \\ + c_n^2\gamma^2 - 4c_nkv^2 - 2c_n^2kv - 2c_nc_r\gamma + 4c_nkv + 2c_n\gamma v + 4c_nc_rkv\end{array}\right]}{4(v - 2kv - 2\gamma v + 2kv^2 + \gamma^2)}$$

$$\pi_m^{T*} = \frac{\left[\begin{array}{l}4c_r\gamma - 4c_rv - 8kv - 4\gamma v - 4c_r^2k - 4c_n\gamma^2 + 3kv^2 + 2c_r^2 + 2\gamma^2 + 2c_n^2\gamma^2 \\ - 6c_nkv^2 - 8c_n^2kv - c_n^2kv^2 - 4c_nc_r\gamma + 16c_nkv + 4c_n\gamma v + 8c_nc_rkv + 2v^2\end{array}\right]}{2(8v - 16kv - 8\gamma v + 6kv^2 + 4\gamma^2 + v^2)}$$

要证明 $\pi_m^{T*} < \pi_m^{O*}$，即要证明

$$\pi_m^{O*} - \pi_m^{T*} = \frac{\left[\begin{array}{l}2c_r\gamma - 2c_rv - 2kv - 2\gamma v - 2c_r^2k - 2c_n\gamma^2 + 2kv^2 + c_r^2 + \gamma^2 + v^2 \\ + c_n^2\gamma^2 - 4c_nkv^2 - 2c_n^2kv - 2c_nc_r\gamma + 4c_nkv + 2c_n\gamma v + 4c_nc_rkv\end{array}\right]}{4(v - 2kv - 2\gamma v + 2kv^2 + \gamma^2)}$$

$$-\frac{\left[\begin{array}{l}(4c_r\gamma - 4c_rv - 8kv - 4\gamma v - 4c_r^2k - 4c_n\gamma^2 + 3kv^2 \\ + 2c_r^2 + 2\gamma^2 + 2v^2 + 2c_n^2\gamma^2 - 6c_nkv^2 - 8c_n^2kv \\ - c_n^2kv^2 - 4c_nc_r\gamma + 16c_nkv + 4c_n\gamma v + 8c_nc_rkv\end{array}\right]}{2(8v - 16kv - 8\gamma v + 6kv^2 + 4\gamma^2 + v^2)}$$

$$> 0$$

令 $I(c_r) = \pi_m^{O*} - \pi_m^{T*}$，可知在区间 $(\underline{c_r}, \overline{c_r})$ 内 $\dfrac{\partial^2 I(c_r)}{\partial c_r^2} > 0$ 总是成立，即 $I(c_r)$ 在此区间内是凸函数。接着求解 $I(c_r) = 0$，可得 $c_r^* = \dfrac{2c_nkv - c_n\gamma + \gamma - v}{2k - 1}$ 并且 $c_r^* < \underline{c_r}$。因此对任意的 $c_r \in (\underline{c_r}, \overline{c_r})$，函数 $I(c_r)$ 都大于零，即 $\pi_o^{T*} < \pi_o^{O*}$。

证毕。

定理 5 - 3 指出将再制造业务外包给第三方再制造商对原始产品制造商的利润通常不利，将原始产品制造商的利润简单梳理一下，发现其有两个来源：（1）销售新产品；（2）销售再制造品或者收取第三方再制造商

的再制造授权费。由于在模型 O 中，新产品和再制造品都由原始产品制造商生产；而在模型 T 中只有新产品由原始产品制造商生产，再制造品由第三方再制造商生产。因此原始产品制造商在模型 O 中是一个垄断者，而在模型 T 中他还得面临第三方再制造商再制造品的激烈竞争。增加的产品侵蚀效应在两个方面降低了原始产品制造商的利润。首先它导致产品的兼容度降低了，而较低的产品兼容度又拉升了新产品和再制造品的生产成本。特别是新产品的生产成本增加较快，这大幅削减了原始产品制造商的利润。其次竞争导致新产品的生产数量减少了，而再制造品的生产数量却增加了。尽管原始产品制造商向第三方再制造商收取了再制造授权费，但这点收益不足以弥补在新产品销售方面的损失。因此原始产品制造商将再制造业务外包出去其利润通常会降低。这或许可以解释在实际中为什么一些原始产品制造商往往自己从事再制造，而不将其外包出去。例如，Xerox 就在美国、英国、日本、澳大利亚、荷兰、墨西哥和巴西建立了自己的再制造工厂。通过再制造实践，Xerox 在原材料采购和废旧物处理方面节省了数百万美元，并以一种环境友好的姿态提升了自己的形象（Kerr & Ryan，2001）。

现有研究通常还考虑了再制造对整个产业的影响，因此进一步比较整个产业在模型 O 和模型 T 中经济表现的差异，可得以下定理。

定理 5 - 4 兼容性设计成本的比例系数 k 存在一个阈值 k_1，当 $k < k_1$ 时将再制造外包出去将拉低整个产业的利润，即 $\pi_d^{T^*} < \pi_d^{O^*}$；而当 $k > k_1$ 时将再制造外包出去将提升整个产业的利润，即 $\pi_d^{T^*} > \pi_d^{O^*}$。

证明： 令 $\pi_d^{j^*} = \pi_m^{j^*} + \pi_{3p}^{j^*}$、$Z(c_r) = \pi_d^{O^*} - \pi_d^{T^*}$，将式（5 - 1）代入后可得

$$Z(c_r) = \frac{v^2(c_r + \gamma - v - 2c_r k - c_n \gamma + 2c_n kv)^2}{4(v - 2kv - 2\gamma v + 2kv^2 + \gamma^2)(8v - 16kv - 8\gamma v + 6kv^2 + 4\gamma^2 + v^2)^2}$$
$$(12v - 32k - 24kv - 8\gamma v + 6kv^2 + 4\gamma^2 + v^2 + 16)$$

求解 $\dfrac{\partial^2 Z(c_r)}{\partial c_r^2} > 0$，可得 k 的一个阈值 $k_1 = \dfrac{-16 - 4\gamma^2 - 12v + 8\gamma v - v^2}{-32 - 24v + 6v^2}$。

因此当 $k < k_1$ 时，$\dfrac{\partial^2 Z(c_r)}{\partial c_r^2} > 0$ 总是成立的，即 $Z(c_r)$ 在此区间内是凸函数。另外，当 $k_1 < k$ 时，可得 $\dfrac{\partial^2 Z(c_r)}{\partial c_r^2} < 0$ 总是成立的，即 $Z(c_r)$ 在此区间内是凹函数。接着求解 $Z(c_r) = 0$，可得唯一解 $c_r^* = \dfrac{2c_n kv - c_n \gamma + \gamma - v}{2k - 1}$。因此当 $k < k_1$ 时，函数 $Z(c_r)$ 都大于零，即 $\pi_o^{T*} < \pi_o^{O*}$；当 $k_1 < k$ 时，函数 $Z(c_r)$ 都小于零，即 $\pi_d^{O*} < \pi_d^{T*}$。

证毕。

定理 5-4 揭示了兼容性设计成本的比例系数 k 在决定产业利润时的重要作用。当 $k < k_1$ 时，原始产品制造商自己从事再制造整个产业的利润更高。即当兼容性设计成本的比例系数相对较低时，整个产业能从原始产品制造商的垄断地位获利。因为此时原始产品制造商会从大局考虑，统筹规划新产品和再制造品的生产数量，从而限制产品侵蚀效应。而当 $k_1 < k$ 时，即兼容性设计成本的比例系数相对较高，原始产品制造商的垄断情形下，其对成本变得更为敏感反而成为一种劣势。与之相对应的是在模型 T 中，再制造业务被外包给第三方再制造商，原始产品制造商只生产新产品。因此当 $k_1 < k$ 时，即兼容性设计成本的比例系数相对较高，原始产品制造商的垄断地位让位于新产品和再制造品之间的竞争。这种竞争使得博弈双方都只最大化自己的利润，反而对整个产业有利。

5.4.3 环境可持续性的比较

类似于阿格拉瓦等（Agrawal et al.，2012）中关于废弃物管理的办法，本节用 i_n 和 i_r 分别表示单位新产品和再制造品在废弃物处理中的环境影响。由于再制造延伸了新产品的生命周期，降低了废弃物处理量，因此单位再制造品在废弃物处理中的环境影响比新产品要小，即 $i_n > i_r$（Geyer et al.，2007）。而环境总影响 E^j 可以被定义为 $E^j = i_n(q_n - q_r) + i_r q_r$，进而可得以下定理。

定理 5 - 5 将再制造业务外包给第三方再制造商比原始产品制造商自己从事再制造对环境更有利，即 $E^{T^*} < E^{O^*}$。

证明：新产品和再制造品在废弃处理中的环境影响分别为 $E_n = i_n(q_n - q_r)$ 和 $E_r = i_r q_r$。而原始产品制造商自己从事再制造和将再制造外包出去的环境总影响分别为

$$E^O = i_n(q_n^{O^*} - q_r^{O^*}) + i_r q_r^{O^*} = i_n q_n^{O^*} - (i_n - i_r) q_r^{O^*}$$

$$E^T = i_n(q_n^{T^*} - q_r^{T^*}) + i_r q_r^{T^*} = i_n q_n^{T^*} - (i_n - i_r) q_n^{T^*}$$

而 $E^O - E^T = i_n(q_n^{O^*} - q_n^{T^*}) + (q_r^{T^*} - q_r^{O^*})(i_n - i_r) > 0$ 在 $i_n > i_r$、$q_n^{O^*} > q_n^{T^*}$ 和 $q_r^{O^*} < q_r^{T^*}$ 时，总是成立的。

证毕。

根据 $E^j = i_n(q_n - q_r) + i_r q_r$ 可以看出环境影响与新产品和再制造品的数量都有关。由前面的分析可知，当再制造品的生产数量增加时新产品的生产数量在减少。这意味着当再制造业务被外包出去时，从再制造中获得的资源节省要比原始产品制造商自己从事再制造更多。

定理 5 - 5 指出将再制造业务外包给第三方再制造商时，由于生产了更多的再制造品所以对环境更友好。因此从环境的角度来看，应该鼓励原始产品制造商将再制造业务外包。然而站在原始产品制造商经济利益的角度情况就完全不同了，根据定理 5 - 3 得出的结论，将再制造业务外包对原始产品制造商的利润不利。该结论与马哈茂迪和拉斯蒂·巴尔佐基（Mahmoudi & Rasti - Barzoki，2017）类似，他们也发现，当原始产品制造商自己从事再制造时，其自身利润增大但对环境不利。然而需要指出的

是，他们是在产品质量的背景下得出该结论的，而本章考虑的则是产品的兼容度。

5.4.4　社会福利的比较

前面几节已经分析了产品兼容度、经济表现和环境可持续性的差异。本节最后聚焦于模型 O 和模型 T 在社会福利 SW^j 上的差异。与叶尼帕扎里（Yenipazarli，2016）类似，本节从消费者剩余、产业利润和环境费用 3 个维度计算社会福利。

（1）消费者剩余 CS^j 计算公式为

$$CS^j = \int_{1-q_n-q_r}^{1-q_n} (vu - p_r) \mathrm{d}_u + \int_{1-q_n}^{1} (u - p_n) \mathrm{d}_u$$

（2）产业利润 π_d^j 定义为 $\pi_d^j = \pi_m^j + \pi_{3p}^j$。

（3）环境费用定义为 λE^j，其中 E^j 就是环境总影响，而 λ 表示单位排放的成本，并且 $\lambda > 0$（Cachon，2014）。

综合（1）、（2）和（3），社会福利定义为 $SW^j = CS^j + \pi_d^j - \lambda E^j$，模型 O 和模型 T 在社会福利 SW^j 上的差异总结为以下定理。

定理 5 - 6　单位排放的成本 λ 存在一个阈值 λ_1，当 $\lambda > \lambda_1$ 时把再制造业务外包出去的社会福利比原始产品制造商自己从事再制造要高，即 $SW^{T^*} > SW^{O^*}$；而当 $\lambda < \lambda_1$ 时把再制造业务外包出去的社会福利比原始产品制造商自己从事再制造要低，即 $SW^{T^*} < SW^{O^*}$。

证明：社会福利的差异为 $S(\lambda) = SW^{O^*} - SW^{T^*} = CS^O - CS^T + \pi_d^O - \pi_d^T - \lambda(E^O + E^T)$，基于此求解 $\frac{S(\lambda)}{\partial \lambda} < 0$，可知在区间 $(\underline{c_r}, \overline{c_r})$ 内 $S(\lambda)$ 是单调递减的。接着求解 $S(\lambda) = 0$，可得 λ 的阈值

$$\lambda_1 = \frac{\left\{\begin{array}{l} 2(4\gamma^4 + 12\gamma^2 v - 24k\gamma^2 v - 16\gamma^3 v + 8v^2 - 32kv^2 + 32k^2v^2 - 24\gamma v^2 \\ \quad + 48k\gamma v^2 + 17\gamma^2 v^2 + 14k\gamma^2 v^2 + v^3 + 20kv^3 - 44k^2v^3 - 2\gamma v^3 - 28k\gamma v^3 \\ \quad + 2kv^4 + 12k^2v^4)\left(\dfrac{v(c_r - 2c_r k + \gamma - c_n\gamma - v + 2c_n kv)^2}{(8(\gamma^2 + v - 2kv - 2\gamma v + 2kv^2)^2)}\right) \\[2.5em] -\dfrac{v(c_r - 2c_r k + \gamma - c_n\gamma - v + 2c_n kv)}{(c_r\gamma + \gamma^2 - c_n\gamma^2 - 2kv + 2c_n kv - 2c_r kv - \gamma v + 2kv^2)}\bigg/(4(\gamma^2 + v - 2kv - 2\gamma v + 2kv^2)^2) \\[2.5em] +\dfrac{(c_r\gamma + \gamma^2 - c_n\gamma^2 - 2kv + 2c_n kv - 2c_r kv - \gamma v + 2kv^2)^2}{(8(\gamma^2 + v - 2kv - 2\gamma v + 2kv^2)^2)} \\[2.5em] -\dfrac{(2v(c_r - 2c_r k + \gamma - c_n\gamma - v + 2c_n kv)^2)}{(4\gamma^2 + 8v - 16kv - 8\gamma v + v^2 + 6kv^2)^2} \\[2.5em] +\dfrac{\begin{array}{c}(v^2(c_r - 2c_r k + \gamma - c_n\gamma - v + 2c_n kv)^2 \\ (16 - 32k + 4\gamma^2 + 12v - 24kv - 8\gamma v + v^2 + 6kv^2))\end{array}}{(4(\gamma^2 + v - 2kv - 2\gamma v + 2kv^2)(4\gamma^2 + 8v - 16kv - 8\gamma v + v^2 + 6kv^2)^2)} \\[3em] +\dfrac{v(2c_r - 4c_r k + 2\gamma - 2c_n\gamma - 2v + 4c_n kv)\begin{bmatrix}2c_r\gamma + 2\gamma^2 - 2c_n\gamma^2 - c_r v \\ -8kv + 8c_n kv - 2c_r kv - 3\gamma v \\ + c_n\gamma v + v^2 + 3kv^2 - c_n kv^2\end{bmatrix}}{(4\gamma^2 + 8v - 16kv - 8\gamma v + v^2 + 6kv^2)^2} \\[3em] -\dfrac{\begin{array}{c}(2c_r\gamma + 2\gamma^2 - 2c_n\gamma^2 - c_r v - 8kv + 8c_n kv - 2c_r kv \\ -3\gamma v + c_n\gamma v + v^2 + 3kv^2 - c_n kv^2)^2\end{array}}{2(4\gamma^2 + 8v - 16kv - 8\gamma v + v^2 + 6kv^2)^2}\end{array}\right\}}{\dfrac{\begin{bmatrix}c_r i_n - c_r i_r - 2c_r i_n k + 2c_r i_r k + i_n\gamma \\ - c_n i_n\gamma + c_r i_n\gamma - i_r\gamma + c_n i_r\gamma + i_n\gamma^2 \\ - c_n i_n\gamma^2 - i_n v + i_r v - 2i_n kv + 4c_n i_n kv \\ - 2c_r i_n kv - 2c_n i_r kv - i_n\gamma v + 2i_n kv^2\end{bmatrix}}{(2(\gamma^2 + v - 2kv - 2\gamma v + 2kv^2))} - \dfrac{\begin{bmatrix}-2c_r i_n + 2c_r i_r + 4c_r i_n k - 4c_r i_r k - 2i_n\gamma \\ + 2c_n i_n\gamma - 2c_r i_n\gamma + 2i_r\gamma - 2c_n i_r\gamma - 2i_n\gamma^2 \\ + 2c_n i_n\gamma^2 + 2i_n v + c_r i_n v - 2i_r v + 8i_n kv \\ - 12c_n i_n kv + 2c_r i_n kv + 4c_n i_r kv + 3i_n\gamma v \\ - c_n i_n\gamma v - i_n v^2 - 3i_n kv^2 + c_n i_n kv^2\end{bmatrix}}{(4\gamma^2 + 8v - 16kv - 8\gamma v + v^2 + 6kv^2)}}$$

因此当 $\lambda > \lambda_1$ 时，函数 $S(\lambda)$ 都小于零，即 $SW^{T*} > SW^{O*}$；当 $\lambda < \lambda_1$ 时，函数 $S(\lambda)$ 都大于零，即 $SW^{T*} < SW^{O*}$。

证毕。

定理 5-6 指出如果单位排放的成本 λ 较高，把再制造业务外包给一个独立的第三方再制造商产生的社会福利比原始产品制造商自己从事再制造要高。另外把最优决策代入消费者剩余 $CS = \int_{1-q_n-q_r}^{1-q_n} (vu - p_r)\,\mathrm{d}_u + \int_{1-q_n}^{1} (u - p_n)\,\mathrm{d}_u$，可知此时由于新产品数量较低，消费者剩余比原始产品制造商自己从事再制造要低。因此可以通过消费者剩余、定理 5-4 和定理 5-5 共同来理解定理 5-6。具体来说，把再制造业务外包对消费者剩余有利，定理 5-4 暗示也会导致更低的产业利润。然而定理 5-5 指出把再制造业务外包出去比原始产品制造商自己从事再制造更绿色。几项因素叠加在一起就造成了当单位排放的成本 λ 较高时，模型 T 产生的社会福利比模型 O 要高。

5.5　两种协调机制

定理 5-4 暗示当兼容性设计成本的比例系数 k 相对较高即 $k > k_1$ 时，第三方再制造商获得的收益足够补偿原始产品制造商的损失，整个产业的利润也更高。而定理 5-5 进一步指出将再制造业务外包出去对环境更友好。因此为了在经济表现和环境可持续性上同时获得帕累托改进，需要设计一些协调机制来促使原始产品制造商将再制造业务外包（Chen & Ulya，2019；Zhao et al. ，2018）。具体来说，当 $k > k_1$ 时，本节将采用一个收益分享合同来协调模型 T；而当 $k < k_1$ 时，则采用一个补贴激励机制来协调。

5.5.1 收益分享合同

当兼容性设计成本的比例系数 k 相对较高时，虽然原始产品制造商的利润降低了，但整个产业的利润却提高了。因此第三方再制造商可以将自己收益的一部分分享给原始产品制造商以换取其将再制造业务外包。令 R 表示第三方再制造商分享收益的部分，可得以下定理。

定理 5-7 当分享参数 R 满足 $\underline{R} < R < \overline{R}$，且兼容性设计成本的比例系数 k 相对较高即 $k > k_1$ 时，将再制造业务外包能使原始产品制造商和第三方再制造商同时获得帕累托改进。

其中

$$\underline{R} = \cfrac{v(v+4)(c_r + \gamma - v - 2c_r k - c_n \gamma + 2c_n kv)^2}{\begin{bmatrix} 4(12k^2v^4 - 44k^2v^3 + 32k^2v^2 + 14k\gamma^2v^2 - 24k\gamma^2v - 28k\gamma v^3 \\ + 48k\gamma v^2 + 2kv^4 + 20kv^3 - 32kv^2 + 4\gamma^4 - 16\gamma^3v + 17\gamma^2v^2 \\ + 12\gamma^2v - 2\gamma v^3 - 24\gamma v^2 + v^3 + 8v^2) \end{bmatrix}}$$

$$\overline{R} = \frac{4v(c_r + \gamma - v - 2c_r k - c_n \gamma + 2c_n kv)^2}{(8v - 16kv - 8\gamma v + 6kv^2 + 4\gamma^2 + v^2)^2}$$

证明： 为使博弈双方的收益都获得改善，需要证明 $\pi_m^{T*} + R > \pi_m^{O*}$ 且 $\pi_{3p}^{T*} - R > 0$。

（1）模型 O 和模型 T 中，原始产品制造商的最优利润分别为

$$\pi_m^{O*} = \cfrac{\begin{aligned} & 2c_r\gamma - 2c_rv - 2kv - 2\gamma v - 2c_r^2 k - 2c_n\gamma^2 + 2kv^2 + c_r^2 + \gamma^2 + v^2 \\ & + c_n^2\gamma^2 - 4c_n kv^2 - 2c_n^2 kv - 2c_n c_r\gamma + 4c_n kv + 2c_n\gamma v + 4c_n c_r kv \end{aligned}}{4(v - 2kv - 2\gamma v + 2kv^2 + \gamma^2)}$$

$$\pi_m^{T*} = \cfrac{\begin{aligned} & 4c_r\gamma - 4c_rv - 8kv - 4\gamma v - 4c_r^2 k - 4c_n\gamma^2 + 3kv^2 + 2c_r^2 + 2\gamma^2 + 2v^2 + 2c_n^2\gamma^2 \\ & - 6c_n kv^2 - 8c_n^2 kv - c_n^2 kv^2 - 4c_n c_r\gamma + 16c_n kv + 4c_n\gamma v + 8c_n c_r kv \end{aligned}}{2(8v - 16kv - 8\gamma v + 6kv^2 + 4\gamma^2 + v^2)}$$

要证明 $\pi_m^{T*} + R > \pi_m^{O*}$，即要证明

$$R > \pi_m^{O*} - \pi_m^{T*} = \cfrac{v(v+4)(c_r + \gamma - v - 2c_r k - c_n \gamma + 2c_n kv)^2}{\begin{bmatrix} 4(12k^2v^4 - 44k^2v^3 + 32k^2v^2 + 14k\gamma^2v^2 - 24k\gamma^2v - 28k\gamma v^3 \\ + 48k\gamma v^2 + 2kv^4 + 20kv^3 - 32kv^2 + 4\gamma^4 - 16\gamma^3v + 17\gamma^2v^2 \\ + 12\gamma^2v - 2\gamma v^3 - 24\gamma v^2 + v^3 + 8v^2) \end{bmatrix}}$$

由上式可得

$$\underline{R} = \cfrac{v(v+4)(c_r + \gamma - v - 2c_r k - c_n \gamma + 2c_n kv)^2}{\begin{bmatrix} 4(12k^2v^4 - 44k^2v^3 + 32k^2v^2 + 14k\gamma^2v^2 - 24k\gamma^2v - 28k\gamma v^3 \\ + 48k\gamma v^2 + 2kv^4 + 20kv^3 - 32kv^2 + 4\gamma^4 - 16\gamma^3v + 17\gamma^2v^2 \\ + 12\gamma^2v - 2\gamma v^3 - 24\gamma v^2 + v^3 + 8v^2) \end{bmatrix}}$$

因此当 $k > k_1$ 时，对于任意的 $\underline{R} < R$，原始产品制造商将再制造外包的利润总是比他自己从事再制造要高。

（2）模型 T 中，第三方再制造商的最优利润为

$$\pi_{3p}^{T*} = \cfrac{4v(c_r + \gamma - v - 2c_r k - c_n \gamma + 2c_n kv)^2}{(8v - 16kv - 8\gamma v + 6kv^2 + 4\gamma^2 + v^2)^2}$$

要证明 $\pi_{3p}^{T*} - R > 0$ 即要证明 $R < \pi_{3p}^{T*}$，求解得

$$\overline{R} = \cfrac{4v(c_r + \gamma - v - 2c_r k - c_n \gamma + 2c_n kv)^2}{(8v - 16kv - 8\gamma v + 6kv^2 + 4\gamma^2 + v^2)^2}$$

因此当 $k > k_1$ 时，对于任意的 $R < \overline{R}$，第三方再制造商的利润更高。

证毕。

定理 5-7 表明当收益分享参数 R 满足 $\underline{R} < R$ 时，原始产品制造商愿意将再制造业务外包；而当 $R < \overline{R}$ 时，第三方再制造商也能从中获益。总之当 $\underline{R} < R < \overline{R}$ 时，将再制造业务外包不仅使原始产品制造商和第三方再制造商同时获得了帕累托改进，对环境也更友好。

5.5.2　补贴激励机制

实际中政府常常会提供一些补贴来促进再制造产业和环境可持续性的发展。例如，中国政府就给购买再制造品的消费者提供了一系列补贴。因此本节考察补贴激励机制对再制造产业的促进作用，并聚焦于当再制造被外包出去时政府对第三方再制造商的补贴。具体来说，每生产一件再制造品第三方再制造商就会得到补贴 t。此时，原始产品制造商和第三方再制造商的决策问题可以被表示为

$$\max \pi_m^G = (p_n - c_n + s) q_n + q_r f - \frac{1}{2} k s^2$$

$$\max \pi_{3p}^G = (p_r - c_r - f + \gamma s + t) q_r \qquad\qquad (5-4)$$

其中，上标 G 表示有政府补贴的情形。将带有政府补贴的模型 T 与模型 O 比较后可得以下定理。

定理 5-8　当再制造补贴 t 满足 $\underline{t} < t < \bar{t}$，且兼容性设计成本的比例系数 k 相对较低即 $k < k_1$ 时，原始产品制造商将再制造业务外包出去的收益将比他自己从事再制造要高。

其中

$$\underline{t} = \cfrac{(2c_n kv - v - 2c_r k - c_n \gamma + c_r + \gamma)}{2(-4\gamma^2 - 16kv\gamma - 16k^2 v + 16kv + 8k\gamma^2 + 8v\gamma - 8kv^2 + 16k^2 v^2 - 4v)}$$

$$\left(16kv - 16kv^2 - 8v + 16v\gamma - 8\gamma^2 + 4 \sqrt{\begin{array}{l} 4\gamma^4 + 14kv^2\gamma^2 - 28v^3\gamma k \\ + 12k^2 v^4 - 16v\gamma^3 + 17v^2\gamma^2 \\ + 32k^2 v^2 + 20kv^3 - 2v^3\gamma \\ + 12\gamma^2 v - 32kv^2 - 44k^2 v^3 \\ + 8v^2 + 48v^2\gamma k - 24v^2\gamma \\ + 2v^4 k - 24kv\gamma^2 + v^3 \end{array}}\right)$$

$$\left(2c_nkv - v - 2c_rk - c_n\gamma + c_r + \gamma\right)$$

$$\bar{t} = \cfrac{\left(16kv - 16kv^2 - 8v + 16v\gamma - 8\gamma^2 - 4\sqrt{\begin{array}{l}4\gamma^4 + 14kv^2\gamma^2 - 28v^3\gamma k \\ + 12k^2v^4 - 16v\gamma^3 + 17v^2\gamma^2 \\ + 32k^2v^2 + 20kv^3 - 2v^3\gamma \\ + 12\gamma^2v - 32kv^2 - 44k^2v^3 \\ + 8v^2 + 48v^2\gamma k - 24v^2\gamma \\ + 2v^4k - 24kv\gamma^2 + v^3\end{array}}\right)}{2\left(-4\gamma^2 - 16kv\gamma - 16k^2v + 16kv + 8k\gamma^2 + 8v\gamma - 8kv^2 + 16k^2v^2 - 4v\right)}$$

证明： 要证明 $\pi_m^{G*} > \pi_m^{O*}$，即要证明

$$\pi_m^{G*} - \pi_m^{O*} = \cfrac{\left[\begin{array}{l}4c_r\gamma - 4c_rt - 4c_rv - 8kv - 4\gamma t - 4\gamma v + 4tv - 4c_r^2k \\ -4c_n\gamma^2 - 4kt^2 + 3kv^2 + 2c_r^2 + 2\gamma^2 + 2t^2 + 2v^2 + 2c_n^2\gamma^2 \\ -6c_nkv^2 - 8c_n^2kv - c_n^2kv^2 - 4c_nc_r\gamma + 8c_rkt + 16c_nkv \\ +4c_n\gamma t + 4c_n\gamma v + 8c_nc_rkv - 8c_nktv\end{array}\right]}{2\left(8v - 16kv - 8\gamma v + 6kv^2 + 4\gamma^2 + v^2\right)}$$

$$- \cfrac{\left[\begin{array}{l}2c_r\gamma - 2c_rv - 2kv - 2\gamma v - 2c_r^2k - 2c_n\gamma^2 \\ +2kv^2 + c_r^2 + \gamma^2 + v^2 + c_n^2\gamma^2 - 4c_nkv^2 \\ -2c_n^2kv - 2c_nc_r\gamma + 4c_nkv + 2c_n\gamma v + 4c_nc_rkv\end{array}\right]}{4\left(v - 2kv - 2\gamma v + 2kv^2 + \gamma^2\right)} > 0$$

令 $T(t) = \pi_m^{G*} - \pi_m^{O*}$，可知在区间 $(\underline{c_r}, \overline{c_r})$ 对于任意的 k，$\dfrac{\partial^2 T(t)}{\partial t^2} < 0$ 总是成立的，即 $T(t)$ 在此区间是凹函数。接着求解 $T(t) = 0$，可得

$$(2c_n kv - v - 2c_r k - c_n \gamma + c_r + \gamma)$$

$$t = \frac{16kv - 16k^2 - 8v + 16v\gamma - 8\gamma^2 + 4 \sqrt{\begin{pmatrix} 4\gamma^4 + 14kv^2\gamma^2 - 28v^3\gamma k \\ +12k^2v^4 - 16v\gamma^3 + 17v^2\gamma^2 \\ +32k^2v^2 + 20kv^3 - 2v^3\gamma \\ +12\gamma^2v - 32kv^2 - 44k^2v^3 \\ +8v^2 + 48v^2\gamma k - 24v^2\gamma \\ +2v^4k - 24kv\gamma^2 + v^3 \end{pmatrix}}}{2(-4\gamma^2 - 16kv\gamma - 16k^2v + 16kv + 8k\gamma^2 + 8v\gamma - 8kv^2 + 16k^2v^2 - 4v)}$$

$$(2c_n kv - v - 2c_r k - c_n \gamma + c_r + \gamma)$$

$$\bar{t} = \frac{16kv - 16kv^2 - 8v + 16v\gamma - 8\gamma^2 - 4 \sqrt{\begin{pmatrix} 4\gamma^4 + 14kv^2\gamma^2 - 28v^3\gamma k \\ +12k^2v^4 - 16v\gamma^3 + 17v^2\gamma^2 \\ +32k^2v^2 + 20kv^3 - 2v^3\gamma \\ +12\gamma^2v - 32kv^2 - 44k^2v^3 \\ +8v^2 + 48v^2\gamma k - 24v^2\gamma \\ +2v^4k - 24kv\gamma^2 + v^3 \end{pmatrix}}}{2(-4\gamma^2 - 16kv\gamma - 16k^2v + 16kv + 8k\gamma^2 + 8v\gamma - 8kv^2 + 16k^2v^2 - 4v)}$$

因此对任意的 $t \in (\underline{t}, \bar{t})$，函数 $T(t)$ 都大于零，即 $\pi_m^{G*} > \pi_m^{O*}$。
证毕。

虽然定理5-8给出的补贴激励机制没能创造一个双赢的局面，但却促使原始产品制造商将再制造业务外包，这对环境总归还是有利的。定理5-8还表明当再制造的补贴过高或者过低都将使得产品侵蚀效应更加明显，使得原始产品制造商不会将再制造业务外包。

5.6 数值分析

前面几节已经从理论上探讨了存在再制造的情况下，产品的兼容性设计对经济表现和环境可持续性的影响。为了对模型 O 和模型 T 中最优决策的差异获得更深入的理解，本节利用数值实验将主要的结果再分析一遍。

由于再制造品的生产成本通常只有新产品生产成本的 25% ~ 75%（Esenduran et al.，2016；Subramanian & Subramanyam，2012），于是令单位新产品和再制造品的生产成本分别为 $c_n = 0.8$ 和 $c_r = 0.35$。此外，类似吴（2013），令消费者对再制造品的价值折扣和兼容性设计的溢出效应分别为 $v = 0.85$ 和 $\gamma = 0.04$。另外与吉德等（Guide et al.，2010）类似，令单位新产品和再制造品的环境影响分别为 $i_n = 0.8$ 和 $i_r = 0.5$。

5.6.1 最优结果的比较

首先，关注模型 O 和模型 T 中产品兼容度的差异。从图 5 - 1 可以看出，对于任意的成本规模参数 k，当原始产品制造商自己从事再制造时产品的兼容度总是比他将再制造业务外包出去要高，即 $s^O < s^T$。其中主要原因有，当原始产品制造商自己从事再制造时，所有的新产品和再制造品都由原始产品制造商生产，而他将再制造业务外包给再制造商时，新产品由原始产品制造商生产，再制造品则由第三方再制造商提供。当原始产品制造商自己从事再制造时，原始产品制造商处于垄断地位，因此，当新产品由原始产品制造商生产时，为了扩大再制造品市场利润，原始产品制造商将提升其新产品的兼容度，而大大降低其再制造的成本，从而可以有效地提升其整体利润。与之不同的是，当他将再制造业务外包给再制造商时，再制造将是第三方再制造商的唯一来源，与原始产品制造商自己从事再制造时不同，第三方再制造商将不会顾忌原始产品制造商的收益，而尽量扩大其再制造规模。因此，为了降低再制造品对新产品市场的侵蚀，此时，原始产品制造商将会降低其新产品的兼容度，而大大提升第三方再制造商的再制造的成本。更为特别的是，原始产品制造商自己从事再制造时的产品兼容度的提升速度低于他将再制造业务外包给再制造商时的产品兼容度

的提升速度。随着成本规模参数 k 的增加，两个模型中的产品兼容度的差异减小了。

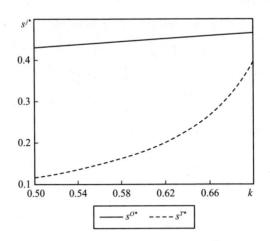

图 5-1　模型 O 和模型 T 中兼容度 s^{i*} 的差异

　　其次，比较模型 O 和模型 T 中新产品最优生产数量的差异。通过图 5-2 可以看出，正如本章对应定理指出的那样，对于任意的成本规模参数 k，当原始产品制造商自己从事再制造时新产品的数量总是比他将再制造业务外包给再制造商时的新产品数量要多，即 $q_n^O > q_n^T$。其中主要原因有，当原始产品制造商自己从事再制造时，所有的新产品和再制造品都由原始产品制造商生产，而他将再制造业务外包给再制造商时，新产品由原始产品制造商生产，再制造品则由第三方再制造商提供。当原始产品制造商自己从事再制造时，原始产品制造商处于垄断地位。因此，当再制造由原始产品制造商承担时，为了扩大其新产品市场利润，原始产品制造商将生产较多的新产品。与之不同的是，当他将再制造业务外包给再制造商时，再制造将是第三方再制造商的唯一来源。与原始产品制造商自己从事再制造时不同，第三方再制造商将不会顾忌原始产品制造商的收益。因此，为了降低再制造品对其新产品的冲击和谋求新产品市场利润的最大化，原始产品制造商可以通过降低新产品的产量，而大大限制第三方再制造商再制造的材料，从而有效降低其对新产品市场的利润侵蚀。通过图 5 - 2，进一步可以发现，随着成本规模参数 k 的增加，两个模型中新产品的最优生产数量均增加。更为特别的是，原始产品制造商自己从事再制造时的新产品数量提升的速度低于他将再制造业务外包给再制造商时新产品数量提升的速度。随着成本规模参数 k 的增加，两个模型中新产品的最优生产数量的差异减小了。

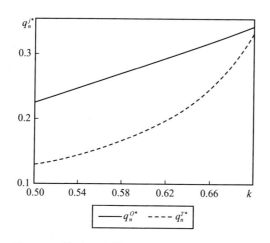

图 5 - 2   模型 O 和模型 T 中新产品数量的差异

通过图 5 - 3 可以看出，对于任意的成本规模参数 k，当原始产品制造商自己从事再制造时的再制造品数量总是比他将再制造业务外包给再制造商时的新产品数量要少，即 $q_r^O < q_r^T$。与前几章类似，其主要原因有，当原始产品制造商自己从事再制造时，所有的新产品和再制造品都由原始产品制造商生产，而他将再制造业务外包给再制造商时，新产品由原始产品制造商生产，再制造品则由第三方再制造商提供。当原始产品制造商自己从事再制造时，原始产品制造商处于垄断地位，因此为了谋求利润最大化并降低产品之间的侵蚀，其将对再制造品的产品进行适当的限制。与之不同

的是，他将再制造业务外包给再制造商时，再制造将是第三方再制造商的唯一来源，因此，与原始产品制造商自己从事再制造时不同，第三方再制造商将不会顾忌原始产品制造商的收益，而尽量扩大其再制造规模。通过图 5–3，进一步可以发现，随着成本规模参数 k 的增加，两个模型中再制造品的最优数量均减少。导致这一现象的直接原因是，当成本规模参数 k 增加时，在原始产品制造商自己从事再制造情形下，其产品兼容度的研发投入的转化程度较低，从而大大提升了其再制造的难度，进而导致再制造品数量降低。而他将再制造业务外包给再制造商时，新产品由原始产品制造商生产，再制造品则由第三方再制造商提供。因此，为了降低再制造品对新产品市场的侵蚀，原始产品制造商将会为了降低其新产品的兼容度，而大大提升第三方再制造商的再制造的成本，进而导致其再制造品数量随着成本规模参数 k 的增加而不断降低。更为特别的是，原始产品制造商自己从事再制造时新产品的数量减少的速度先低于（后高于）他将再制造业务外包给再制造商时的再制造品数量降低的速度。随着成本规模参数 k 的增加，两个模型中再制造品的最优数量的差异先变大（后减小）了。

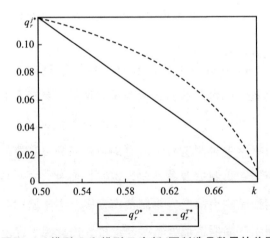

图 5–3　模型 O 和模型 T 中新/再制造品数量的差异

再次，分析原始产品制造商利润的差异。通过图 5 - 4 可以看出，正如本章对应定理指出的那样，对于任意的成本规模参数 k，当原始产品制造商自己从事再制造时新产品的最优利润总是比他将再制造业务外包给再制造商时的最优利润要大，即 $\pi_m^O > \pi_m^T$。也就是说，再制造外包实在对原始产品制造商不利。其主要原因如前所述：当原始产品制造商自己从事再制造时，所有的新产品和再制造品都由原始产品制造商生产，而他将再制造业务外包给再制造商时，新产品由原始产品制造商生产，再制造品则由第三方再制造商提供。当原始产品制造商自己从事再制造时，原始产品制造商处于垄断地位，因此，可以利用该垄断地位谋求利润最大化。与之不同的是，他将再制造业务外包给再制造商时，再制造将是第三方再制造商的唯一来源。因此，与原始产品制造商自己从事再制造时不同，第三方再制造商将不会顾忌原始产品制造商的收益，而尽量扩大其再制造规模。毫无疑问，这种激烈的竞争必然会损坏原始产品制造商自己的利润。通过图 5 - 4，进一步可以发现，随着成本规模参数 k 的增加，两个模型中制造商的最优利润均减小。导致这一现象的直接原因是，成本规模参数 k 的增加，导致产品升级更为困难，因此新产品的生产和销售的单位利润也必

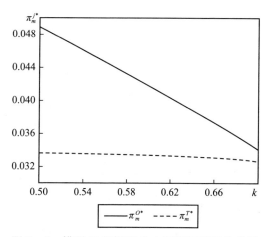

图 5 - 4 模型 O 和模型 T 中制造商利润的差异

然会降低。更为特别的是，原始产品制造商自己从事再制造时的利润降低的速度高于他将再制造业务外包给再制造商时的利润降低的速度。随着成本规模参数 k 的增加，两个模型中原始产品制造商的利润差异减小了。

最后，分析整个产业利润的差异。从图 5 - 5 可以看出，兼容性设计成本的比例系数存在一个阈值 $k_1 = 0.556$。当 $k < k_1$ 时，原始产品制造商自己承担再制造的产业利润高于将再制造外包出去的产业利润。而当 $k > k_1$ 时，原始产品制造商自己承担再制造的产业利润低于将再制造外包出去的产业利润。其主要原因有，当原始产品制造商自己从事再制造时，所有的新产品和再制造品都由原始产品制造商生产，而他将再制造业务外包给再制造商时，新产品由原始产品制造商生产，再制造品则由第三方再制造商提供。而且，与原始产品制造商自己从事再制造时不同，第三方再制造商将不会顾忌原始产品制造商的收益，而尽量扩大其再制造规模。毫无疑问，当产品的兼容度成本较小时，即 $k < k_1$ 时，原始产品制造商新产品的升级成本较低。此时，如果原始产品制造商自己承担再制造，制造商可以通过对新产品的兼容度研发，而大大降低其再制造的成本，从而可以有效地提升其整体利润；与之相反，当他将再制造业务外包给再制造商时，为了降低再制造品对其新产品的冲击和谋求新产品市场利润的最大化，制造商可以通过降低新产品的兼容度，而大大提升第三方再制造商的再制造的成本。另外，当产品的兼容度成本增加较快，即 $k > k_1$ 时，这大幅削减了原始产品制造商新产品的利润；再制造品竞争导致新产品的生产数量减少了。因此，当 $k > k_1$ 时，尽管第三方再制造商通过外包获得了利润来源，但这点收益不足以弥补原始产品制造商在新产品销售方面的损失。因此，当 $k > k_1$ 时，相比于将再制造外包出去，原始产品制造商自己承担再制造的产业利润会更低。

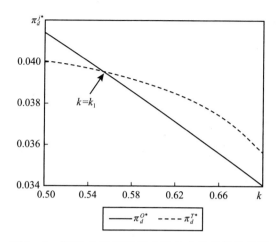

图 5 - 5　模型 O 和模型 T 中整个产业利润的差异

图 5 - 6 则揭示了两个模型中环境可持续性的差异。就像定理 5 - 5 指出的那样，对于任意的成本规模参数 k，当原始产品制造商自己从事再制造时的环境影响总是比他将再制造业务外包给再制造商时的环境影响要大，即 $E^O > E^T$。当原始产品制造商自己从事再制造时，新产品和再制造品都由原始产品制造商生产；而在再制造业务外包时，只有新产品由原始产品制造商生产，再制造品由第三方再制造商生产。因此，当原始产品制造商自己从事再制造时，他是一个垄断者，要谋求到更多的利润。与此同时，为了降低再制造品对其新产品的侵蚀，原始产品制造商将降低再制造品的生产。而在再制造业务外包时，为了应对第三方再制造商再制造品的竞争，如图 5 - 2 所示，原始产品制造商将采取降低新产品数量的方式来限制第三方再制造商的再制造原材料的获取。这会导致模型 O 中消费者使用产品（无论是新产品扩产还是再制造品减量）产生的环境影响更大。通过图 5 - 6，进一步可以发现，随着成本规模参数 k 的增加，两个模型中环境影响均增加。更为特别的是，原始产品制造商自己从事再制造时新产品的环境影响增加的速度先高于（后低于）比他将再制造业务外包给再制造商时的环境影响增加的速度。于是，随着成本规模参数 k 的增加，两

个模型中再制造品的环境影响的差异先变大（后减小）了。

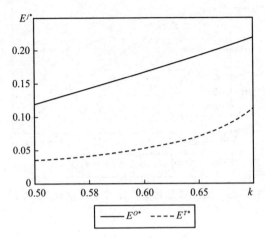

图5-6   模型 O 和模型 T 中环境影响的差异

从图5-7可以发现，单位排放的成本 λ 存在一个阈值 $\lambda_1 = 0.30$。当 $\lambda > \lambda_1$ 时，把再制造业务外包出去获得的社会福利更高；而当 $\lambda < \lambda_1$ 时，原始产品制造商自己从事再制造获得的社会福利更高。正如定理5-6指出的那样，可以通过消费者剩余、定理5-4和定理5-5来共同分析。总体而言，再制造外包总是会导致一个较为严重的产品侵蚀效应，毫无疑问，同传统的经济学一样，从经济层面来看，激烈的市场竞争总是对消费者有利的，即较为激烈的市场竞争是可以增加消费者剩余的。但从环境层面来看，当单位排放的成本 $\lambda > \lambda_1$ 时，环境因素占据比重将显著增加，而且，与原始产品制造商自己从事再制造时不同，第三方再制造商将不会顾忌原始产品制造商的收益，而尽量扩大其再制造规模。与原始产品制造商自己从事再制造时不同，再制造外包会导致大量的再制造，它不仅让原始产品制造商自己新产品数量降低，而且通过回收大量废旧产品而导致环境效益显著上升。与之相反，当单位排放的成本 $\lambda < \lambda_1$ 时，环境因素占据比重将显得无足轻重，而经济效益对社会福利的贡献率显著上升。当单位排

放的成本 $\lambda < \lambda_1$ 时，尽管再制造外包带来了较大的环境影响，但制造商可以通过其垄断地位而谋求更多的利润，从而大力提升社会福利。

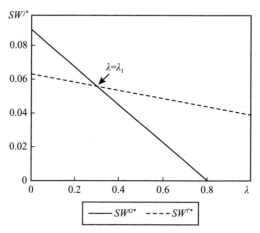

图 5 - 7　模型 O 和模型 T 中社会福利的差异

从图 5 - 8 可以看出，正如前面理论分析一样，当兼容性设计成本的比例系数 k 相对较高，即 $k > k_1$ 时，如果分享参数 R 还能满足 $\underline{R} < R < \overline{R}$，则将再制造业务外包能创造一个双赢的局面，原始产品制造商和第三方再制造商都能获益。

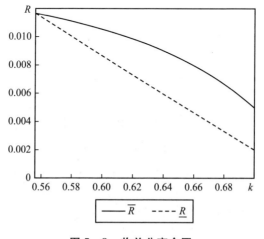

图 5 - 8　收益分享合同

图 5 - 9 则显示当再制造补贴 t 满足 $\underline{t} < t < \bar{t}$，且兼容性设计成本的比例系数 k 相对较低，即 $k < k_1$ 时，原始产品制造商将再制造业务外包出去的收益将比他自己从事再制造要高。

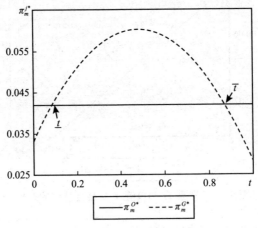

图 5 - 9　补贴激励机制

5.6.2　敏感性分析

本节将进行敏感性分析以检验理论的鲁棒性，其具体结果见表 5 - 2 和表 5 - 3。

表 5 - 2　　　　　　　　　　　模型 O 结论的敏感性分析

k	λ	s^{O*}	q_n^{O*}	q_r^{O*}	π_m^{O*}	CS^{O*}	π_d^{O*}	E^{O*}	SW^{O*}
0.50	0.20	0.4673	0.2287	0.1206	0.0587	0.0566	0.0587	0.1459	0.0861
0.52	0.20	0.4710	0.2404	0.1118	0.0565	0.0571	0.0565	0.1588	0.0818
0.54	0.20	0.4747	0.2523	0.1000	0.0542	0.0575	0.0542	0.1719	0.0774
0.56	0.20	0.4785	0.2644	0.0880	0.0520	0.0580	0.0520	0.1851	0.0730
0.58	0.20	0.4823	0.2767	0.0758	0.0497	0.0586	0.0497	0.1986	0.0685

k	λ	s^{O*}	q_n^{O*}	q_r^{O*}	π_m^{O*}	CS^{O*}	π_d^{O*}	E^{O*}	SW^{O*}
0.60	0.40	0.4862	0.2892	0.0634	0.0473	0.0591	0.0473	0.2123	0.0215
0.62	0.40	0.4902	0.3019	0.0508	0.0449	0.0597	0.0449	0.2262	0.0141
0.64	0.40	0.4942	0.3148	0.0380	0.0425	0.0603	0.0425	0.2404	0.0067
0.66	0.40	0.4983	0.3279	0.0250	0.0400	0.0610	0.0400	0.2548	0.0017
0.68	0.40	0.5025	0.3412	0.0118	0.0375	0.0617	0.0375	0.2694	-0.0085

表 5 - 3 　　　　　　　　　　　模型 T 结论的敏感性分析

k	λ	s^{T*}	q_n^{T*}	q_r^{T*}	π_m^{T*}	CS^{T*}	π_d^{T*}	E^{T*}	SW^{T*}
0.50	0.20	0.1531	0.1241	0.1225	0.0430	0.0272	0.0559	0.0622	0.0707
0.52	0.20	0.1860	0.1316	0.1194	0.0427	0.0281	0.0548	0.0695	0.0690
0.54	0.20	0.1783	0.1404	0.1147	0.0424	0.0291	0.0536	0.0780	0.0671
0.56	0.20	0.1943	0.1508	0.1091	0.0421	0.0304	0.0522	0.0879	0.0650
0.58	0.20	0.2134	0.1632	0.1024	0.0417	0.0320	0.0506	0.0998	0.0626
0.60	0.40	0.2367	0.1783	0.0942	0.0412	0.0340	0.0487	0.1144	0.0369
0.62	0.40	0.2657	0.1971	0.0841	0.0405	0.0365	0.0465	0.1325	0.0301
0.64	0.40	0.3028	0.2212	0.0711	0.0397	0.0400	0.0440	0.1556	0.0218
0.66	0.40	0.3519	0.2530	0.0539	0.0387	0.0449	0.0411	0.1862	0.0115
0.68	0.40	0.4201	0.2973	0.0301	0.0372	0.0522	0.0379	0.2288	0.0017

　　首先，从表 5 - 2 可以看出，在模型 O 中，兼容性设计成本的比例系数 k 增加时，兼容度 s 随之增加；而当兼容度 s 增加时，新产品的数量增加，再制造品的数量却在减少。与之对应的是，在模型 T 中，兼容性设计成本的比例系数 k 增加时，其兼容度 s 也随之增加；而当兼容度 s 增加时，新产品的数量增加，再制造品的数量却在减少。

　　其次，无论在模型 O 和模型 T 中，原始产品制造商和整个产业的利润都随着兼容性设计成本比例系数 k 的增加而减少，但是在模型 T 中利润降低的趋势比模型 O 更平坦。即当 k 从 0.50 增加到 0.68 时，模型 O 和模型 T 中原始产品制造商的利润分别降低 36% 和 32%，而整个产业的利润却分别降低 36% 和 14%。而 $k > k_1 = 0.556$ 时，将再制造外包出去整个产业的利润将比原始产品制造商自己从事再制造更高。

最后，表 5 - 2 和表 5 - 3 还显示出消费者剩余和环境影响都随兼容性设计成本比例系数 k 的增加而增加，但是此时社会福利却降低了。此外，社会福利在模型 T 中的下降趋势比模型 O 更平坦。例如，当 k 从 0.50 增加到 0.58 时，模型 O 和模型 T 中社会福利分别降低了 20% 和 11%。另外，社会福利也依赖于单位排放的成本 λ。当 λ 超过了某个阈值 λ_1 后，将再制造外包出去的社会福利将比原始产品制造商自己从事再制造更高。

5.7 本章小结

本章研究了再制造分别由原始产品制造商自己从事或者外包给一个独立的第三方再制造商时，原始产品制造商在产品兼容度上的最优决策问题。(1) 考虑原始产品制造商同时生产新产品和再制造品的情形（模型 O)。此时原始产品制造商首先决策产品的兼容度，接着再确定新产品和再制造品的最优生产数量，通过一阶条件求解了原始产品制造商的最优决策。(2) 考虑再制造业务被外包给一个独立的第三方再制造商的情形（模型 T)。此时原始产品制造商首先决策产品的兼容度和给第三方再制造商的再制造授权费，接着再和第三方再制造商共同确定新产品和再制造品的最优生产数量。通过构建两阶段 Stackelberg 博弈模型，运用逆向归纳法求解了原始产品制造商和第三方再制造商的最优决策。

本章比较了两种模型下均衡结果的差异。研究表明，当原始产品制造商自己从事再制造时，产品的兼容度总是更高，而最优新（再制造）产品生产数量总是低于（高于）将再制造业务外包给第三方再制造商；这种差异对原始产品制造商和第三方再制造商经济表现和环境可持续性的启示则是将再制造业务外包给第三方再制造商对原始产品制造商的利润总是不利的，但对环境却更友好；另外，单位排放的成本 λ 存在一个阈值 λ_1，当 $\lambda > \lambda_1$ 时把再制造业务外包出去的社会福利比原始产品制造商自己从事再制造要高。因此，为了使原始产品制造商和第三方再制造商在经济表现和环境可持续性上同时获得帕累托改进，本章还设计了一个收益分享合同和一个补贴激励机制来促使原始产品制造商将再制造业务外包，以创造一个双赢的局面。本章通过一个数值实验对主要的理论结果进行了敏感性分析，发现其鲁棒性很好。

以往关于产品兼容性设计的讨论多局限在高端和低端产品的产品侵蚀效应上，而当存在再制造且再制造分别由原始产品制造商和第三方再制造商承担时的情况还不清楚。因此，本章的研究为原始产品制造商的产品兼容性设计决策提供了理论依据和决策参考。

第6章 总结与研究展望

6.1 总 结

早在1993年，欧盟就提出了生态管理和审计计划（the Ecology Management and Audit Scheme）。该计划虽然强调自愿，但它清楚地表明环境责任应由产业界来承担。在德国，这种重视环保的态度也已经通过立法强制执行，其指导原则是"始作俑者"原则，即对环境造成损害的人应该为修复损害支付费用。随后该类策略在欧盟内部不断被强化。为了提高我国企业的能源利用率和实现国家经济的可持续发展，近年来，我国政府提出了"碳中和"（carbon neutral, or carbon neutrality）作为一种新型环保经济形式。具体而言，中国在发展经济的同时，将提高国家自主贡献力度，采取更为有效的政策和措施，力争于2030年前达到二氧化碳排放的峰值，并于2060年前实现碳中和目标。为了达到该发展目标，2005年国务院就发布了《关于加快发展循环经济的若干意见》。

再制造被定义为将处于生命期末尾的零部件或产品变成像新的或更好性能的零部件或产品的一系列制造过程，并且还能提供保修服务。它是促进企业经济增长、提高企业效率和增强企业竞争力的重要驱动力，对国民经济发展、自然环境保护等方面具有重要意义。鉴于再制造的诸多好处，许多国外知名公司提出了回收/再制造计划，并积极将其付诸实践。需要指出的是，虽然再制造活动为企业带来了环境友好的美誉并增加了额外的创收途径，但它也给企业的运作管理带来了诸多难题，特别是再制造品与新产品之间的侵蚀效应。从当前实践来看，为了既获取再制造带来的好处，又降低再制造品的侵蚀，许多原始产品制造商都纷纷采用产品创新策略。而从理论上来看，尽管当前文献对再制造进行了多角度的研究，但是通过对现有文献分析，发现当前关于再制造的现有研究存在以下不足。

首先，现有关于再制造在可持续发展中重要作用的研究通常没有考虑原始产品制造商产品升级策略的作用，而现有关于产品升级策略的文献则没有考虑其对新产品和再制造品产品侵蚀问题的影响，因此很有必要将这两者结合起来，研究原始产品制造商的产品创新策略问题。其次，现有关于再制造背景下产品升级策略的研究，都没有考虑绿色消费者群体的作用。但在现实中，随着消费者环保意识的不断增强，绿色消费者群体越来越壮大，他们甚至能通过公开的倡议影响企业的回收和再制造策略，而这又会给新产品和再制造品的产品侵蚀问题带来新的变数。因此，有必要将绿色消费者群体纳入模型，研究对原始产品制造商产品创新策略的影响。最后，原始产品制造商的产品创新策略不止产品升级这一种，还包括产品兼容性设计等技术。但是已有关于产品兼容性设计的文献大多是从不同产品线上，高端产品与低端产品竞争的背景来研究，并且他们的结论却因为研究背景的不同而不能简单地推广到再制造环境。

本书主要从三个方面对再制造环境下的产品创新策略进行研究，且与本书第 3 章 ～ 第 5 章相对应。

与第 3 章研究对应，首先考虑原始产品制造商既生产新产品又从事再制造的一个两阶段决策模型。研究结果表明，当再制造业务被外包给第三方再制造商时，原始产品制造商总是更倾向于进行产品升级。另外，当再制造业务被外包给第三方再制造商总是减少原始产品制造商的赢利，但对环境有利。为了加深理解,用一个数值实验对理论结果进行了可视化。需要指出的是,本章将产品创新与再制造结合了起来,考虑了升级策略对原始产品制造商和/或第三方再制造商进行再制造的最佳策略的交互及影响机制。

与第 4 章研究对应,考虑了再制造分别由原始产品制造商和第三方再制造商承担时的两个两阶段决策模型,最大的不同是加入了绿色消费者群体的影响,此外原始产品制造商和第三方再制造商的决策变量是新/再制造品的价格而不是数量。研究表明,原始产品制造商自己从事再制造时的最优新(再制造)产品价格总是不低于(不高于)将再制造业务外包给第三方再制造商;随绿色消费者比例的增加,原始产品制造商自己从事再制造和将再制造业务外包出去时产品升级激励的差异而减小,而环境可持续性的差异随绿色消费者比例的增加而增加。

与第 5 章研究对应,考虑了再制造分别由原始产品制造商和第三方再制造商承担时的两个两阶段决策模型。本章主要得到以下结论:(1)当原始产品制造商自己从事再制造时,产品的兼容度总是更高,而最优新(再制造)产品生产数量总是低于(高于)将再制造业务外包给第三方再制造商;这种差异对原始产品制造商和第三方再制造商经济表现和环境可持续性的启示则是(2)将再制造业务外包给第三方再制造商对原始产品制造商的利润总是不利的,但对环境却更友好;此外(3)单位排放的成本 λ 存在一个阈值 λ_1,当 $\lambda > \lambda_1$ 时把再制造业务外包出去的社会福利比原始产品制造商自己从事再制造要高。

总之,本书分别从原始产品制造商自己承担再制造和其将再制造外包给第三方再制造两类再制造情形出发,探讨了该两类情形下的原始产品制造商的产品创新和兼容性设计议题以及它对新/再制造品竞合关系的具体影响,延伸了现有再制造类和产品创新类研究的触角。另外,通过对上述两种情形下的均衡结果的比较分析,得出再制造背景下原始产品制造商产品升级策略的管理启示,其研究结果为当前再制造领域中原始产品制造商的产品创新和兼容性设计决策提供了理论依据和决策参考。

6.2 研究展望

本书将产品创新和再制造环境相结合，研究了再制造环境下原始产品制造商的产品升级策略、存在绿色消费者群体时的产品升级策略、原始产品制造商的产品兼容性设计策略，并取得了阶段性的研究成果。未来可拓展以下方向。

（1）产品创新是一个宽泛的概念，除了产品升级和兼容性设计还有其他方面可能的创新，建议后续研究适当考虑。另外，虽然两阶段模型已经能体现动态博弈的一些特点，但是产品生命周期一般不会那么短，在多周期和无限周期下也许能出现更丰富和有趣的现象，如果后续研究采用问卷调查实证方法进行交叉验证，会使得结论更为坚实。

（2）本书没有考虑如何将产品设计范式与产品开发技术集成在一起。而从实践来看，产品开发技术，特别是生产过程中的实时优化和经济控制能影响产品设计的经济性能的改善。因此，未来可考虑拓展本书的模型，将生产过程中的实时优化和经济控制等产品开发技术与产品设计范式结合起来（Toffel，2003；Breitbart.com[①]）。

（3）本书中的一些隐含假设，特别是无随机缺陷率的再制造过程，可以在未来的研究中放宽。需注意的是，如果在再制造单级清洁系统中假设了随机缺陷率，结果很可能出现变化。

（4）本书假设了原始产品制造商是新产品的垄断供应商。然而在现实中，除了再制造品，原始产品制造商很可能在新产品上与其他原始设备

---

① Breitbart. com. Boeing Receives Apache Remanufacturing Contract for UK ［EB/OL］. https：//www. breitbart. com/news/boeing-receives-apache-remanufacturing-contract-for-uk. htm，Jun 21，2021.

供应商竞争。特别是，现实中很多行业的再制造品竞争是非常激烈的，本书模型中并未涉及竞争问题，因而本研究的现实指导价值和管理启示有待向竞争领域拓展。

（5）本书的模型都是从运营管理的角度来进行讨论，揭示了经济表现和可持续性目标之间的不一致。当没有未来可以通过结合考虑不同企业战略和组织方向的影响来达到同样效果（Agrawal et al.，2016）。

参 考 文 献

［1］包晓英，唐志英，唐小我．基于回收再制造的闭环供应链差异定价策略及协调［J］．系统管理学报，2010，19（5）：546－552．

［2］常香云，潘婷，钟永光，夏海洋．EPR 制度约束下生产—再制造竞争系统的双环境责任行为分析［J］．系统工程理论与实践，2021，41（4）：905－918．

［3］陈东彦，刘珊，姚锋敏，滕春贤．具有 CSR 意识的双向竞争闭环供应链定价及回收策略［J］．系统工程学报，2021，36（1）：45－58．

［4］但斌，丁雪峰．再制造品最优定价及市场挤兑与市场增长效应分析［J］．系统工程理论与实践，2010，30（8）：1371－1379．

［5］冯立攀．考虑以旧换新的企业定价与质量选择研究［D］．天津：南开大学，2019．

［6］冯章伟．绿色消费行为下闭环供应链定价与再制造模式研究［D］．南京：南京大学，2020．

［7］郭军华，李帮义，倪明．WTP 差异下的再制造进入决策研究［J］．中国管理科学，2013，21（1）：149－156．

［8］郭军华，李帮义，倪明．双寡头再制造进入决策的演化博弈分析［J］．系统工程理论与实践，2013，33（2）：370－377．

［9］郭年．返回依赖于需求的闭环供应链库存管理［D］．重庆：重庆大学，2018．

［10］黄永，孙浩，达庆利．制造商竞争环境下基于产品生命周期的

闭环供应链的定价和生产策略研究 [J]. 中国管理科学, 2013, 21 (3): 96 - 103.

[11] 黄宗盛, 聂佳佳, 胡培. 基于微分对策的再制造闭环供应链回收渠道选择策略 [J]. 管理工程学报, 2013, 27 (3): 93 - 102.

[12] 黄祖庆, 达庆利. 直线型再制造供应链决策结构的效率分析 [J]. 管理科学学报, 2006, 76 (4): 51 - 57.

[13] 霍沛军, 陈剑, 陈继祥. 双寡头 R&D 合作与非合作时的最优溢出 [J]. 中国管理科学, 2002 (6): 92 - 96.

[14] 计国君, 陈燕琳. 基于再造外部竞争的 OEM 阻止策略研究 [J]. 软科学, 2013, 27 (1): 56 - 63.

[15] 李利. 关于几个多目标排序问题的研究 [D]. 郑州: 河南工业大学, 2020.

[16] 李文耀. 格力电器全球第十大基地破土动工 [N/OL]. (2014 - 03 - 28) [2022 - 06 - 21]. http: //news. sina. com. cn/c/2014 - 03 - 28/ 071029810793. shtml.

[17] 李小军. 玉柴: 创新活力锻造绿色动力 [N/OL]. (2016 - 03) [2022 - 06 - 21]. http: //www. gxylnews. com/html/news/2016/03/121608. html.

[18] 李欣. 不同政策下电动乘用车动力电池闭环供应链回收决策研究 [D]. 北京: 北京交通大学, 2020.

[19] 林贵华, 冯文秀, 杨振平. 回收商参与的多阶段绿色闭环供应链竞争模型 [J]. 中国管理科学, 2021, 29 (6): 136 - 148.

[20] 石纯来, 崔春晖, 胡培, 张宗明. 政府奖惩机制对闭环供应链制造商合作策略影响. 管理评论, 2021, 33 (7): 282 - 289.

[21] 石纯来, 舒夕珂, 胡培. 奖惩机制对混合回收闭环供应链中制造商合作的影响 [J]. 管理工程学报, 2020, 34 (5): 178 - 189.

[22] 石纯来. 规模不经济情形下闭环供应链中制造商纵向整合策略

研究 [D]. 成都：西南交通大学，2020.

[23] 王桐远，王增强，李延来. 规模不经济下零售商信息分享模式对双渠道闭环供应链影响 [J]. 管理工程学报，2021，35（3）：195－207.

[24] 王文宾，达庆利. 奖惩机制下电子类产品制造商回收再制造决策模型 [J]. 中国管理科学，2008（5）：57－63.

[25] 王玉燕，于兆青，申亮. 电商平台资金约束下电商闭环供应链的回收决策研究 [J]. 中国管理科学，2022，30（3）：154－164.

[26] 王治国. 报废汽车回收管理若干问题研究 [D]. 上海：上海大学，2020.

[27] 夏西强，朱庆华. 博弈视角下三种再制造模式对比研究 [J]. 系统工程学报，2020，35（5）：689－699，710.

[28] 熊榆，张雪斌，熊中楷. 合作新产品开发资金及知识投入决策研究 [J]. 管理科学学报，2013，16（9）：53－63.

[29] 徐峰，盛昭瀚，陈国华. 基于异质性消费群体的再制造产品的定价策略研究 [J]. 中国管理科学，2008，16（6）：130－136.

[30] 许敏，姚梦琪. 商业模式、技术创新与制造业绩效——产品市场竞争的调节作用 [J]. 会计之友，2018（11）：79－84.

[31] 晏妮娜，黄小原. 基于第3方逆向物流的闭环供应链模型及应用 [J]. 管理科学学报，2008（4）：83－93.

[32] 姚卫新. 再制造条件下逆向物流回收模式的研究 [J]. 管理科学，2004，89（1）：76－79.

[33] 易余胤. 基于再制造的闭环供应链博弈模型 [J]. 系统工程理论与实践，2009，198（8）：28－35.

[34] 翟子瑜. 竞争环境下闭环供应链的回收、专利授权策略与合作契约设计研究 [D]. 武汉：华中科技大学，2018.

[35] 张天瑞，魏铭琦，高秀秀，王淑梅. 基于交互式模糊规划方

法的可持续闭环供应链网络规划 [J]. 运筹与管理, 2021, 30 (8): 81 – 86.

[36] 周杰. 国外竞合关系与创新研究述评与展望 [J]. 技术经济, 2018, 37 (2): 63 – 68.

[37] A Atasu, G C Souza. How does product recovery affect quality choice? [J]. *Production & Operations Management*, 2013, 22 (4): 991 – 1010.

[38] A Atasu, M Sarvary, L V Wassenhove, Remanufacturing as a marketing strategy [J]. *Management Science*, 2008 (54): 1731 – 1746.

[39] A E Oersdemir, Z Kemahlioglu, and A K Parlaktuerk. Competitive quality choice and remanufacturing [J]. *Production and Operations Management*, 2014, 23 (1): 48 – 64.

[40] A Fishman, B Rob. Product innovation by a durable-good monopoly [J]. *RAND Journal of Economics*, 2000, 31 (2): 237 – 252.

[41] A Ha, X Long, J Nasiry. Quality in supply chain encroachment [J]. *Manufacturing & Service Operations Management*, 2015, 18 (2): 280 – 298.

[42] A Hong, A Li, B Han, et al. Innovative green product diffusion through word of mouth [J]. *Transportation Research Part E: Logistics and Transportation Review*, 2020 (134): 101833.

[43] A J King, N Miemczyk, D Bufton. *Photocopier remanufacturing at Xerox UK: a Description of the Process and Consideration of Future Policy Issues* [C]. Asme International Design Engineering Technical Conferences & Computers & Information in Engineering Conference, Belfast, 2006: 173 – 186.

[44] A Lau, R Yam. A case study of product modularization on supply chain design and coordination in Hong Kong and China [J]. *Journal of Manufacturing Technology Management*, 2005, 16 (4): 432 – 446.

[45] A Ovchinnikov. Revenue and cost management for remanufactured

products [J]. *Production and Operations Management*, 2011, 20 (6): 824 – 840.

[46] A Petit-boix, P Llorach-massana, D Sanjuan-delmás, et al. Application of life cycle thinking towards sustainable cities: A review [J]. *Journal of Cleaner Production*, 2017 (166): 939 – 951.

[47] A Sorescu, S M Sorescu, W J Armstrong, et al. Two centuries of innovations and stock market bubbles [J]. *Marketing Science*, 2018, 37 (4): 507 – 529.

[48] A Yenipazarli, A J Vakharia. Green, greener or brown: Choosing the right color of the product [J]. *Annals of Operations Research*, 2017, 250 (2): 537 – 567.

[49] A Yenipazarli. Managing new and remanufactured products to mitigate environmental damage under emissions regulation [J]. *European Journal of Operational Research*, 2016 (249): 117 – 130.

[50] B M Tosarkani, and S H Amin. A multi-objective model to configure an electronic reverse logistics network and third party selection [J]. *Journal of Cleaner Production*, 2018, 198 (23): 662 – 682.

[51] B Majumder, H Groenevelt. Competition in remanufacturing [J]. *Production and Operations Management*, 2001, 10 (2): 125 – 141.

[52] B Tookanlou, H W Wong. Product line design with vertical and horizontal consumer heterogeneity: The effect of distribution channel structure on the optimal quality and customization levels [J]. *European Journal of Marketing*, 2020, 10 (15): 56 – 76.

[53] Breitbart. com. Boeing Receives Apache Remanufacturing Contract for UK [EB/OL]. [2022 – 06 – 21]. https: //www. breitbart. com/news/boeing-receives-apache-remanufacturing-contract-for-uk. htm.

[54] C Chen, M Ulya. Analyses of the reward-penalty mechanism in green

closed-loop supply chains with product remanufacturing [J]. *International Journal of Production Economics*, 2019 (210): 211 –223.

[55] C H Wu. OEM product design in a price competition with remanufactured product [J]. *Omega*, 2013, 41 (2): 287 –298.

[56] C Wu. Product-design and pricing strategies with remanufacturing [J]. *European Journal of Operational Research*, 2012, 222 (2): 204 –215.

[57] C Zhab, and A Hu. Innovative crossed advertisement for remanufacturing with interactive production constraints [J]. *Journal of Cleaner Production*, 2019 (216): 197 –216.

[58] Carbontrust. com. Supporting Excellence in UK Remanufacturing [EB/OL]. [2022 – 06 – 21]. https: //www. carbontrust. com/resources/reports/advice/supporting-excellence-in-uk-remanufacturing/2015.

[59] D A Levinthal, D Purohit. Durable goods and product obsolescence [J]. *Marketing Science*, 1989, 8 (1): 35 –56.

[60] D Robertson, K T Ulrich. Planning for product platforms [J]. *MIT Sloan Management Review*, 1998, 39 (4): 32 –37.

[61] F Drew, J Tirole. Upgrades, tradeins, and buybacks [J]. *RAND Journal of Economics*, 1998, 29 (2): 235 –258.

[62] F H Richard, M Kort, A Seidl. Decisions on pricing, capacity investment, and introduction timing of new product generations in a durable-good monopoly [J]. *Central European Journal of Operations Research*, 2020, 28 (2): 497 –519.

[63] F Swaminathan. Managing new and remanufactured products [J]. *Management Science*, 2006, 52 (1): 15 –26.

[64] F Zhang, H Chen, Y Xiong, et al. Managing collecting or remarketing channels: different choice for cannibalisation in remanufacturing outsourcing [J]. *International Journal of Production Research*, 2020, 27 (1): 1 –16.

［65］ G C Souza. Product introduction decisions in a duopoly ［J］. *European Journal of Operational Research*, 2004, 152（3）: 745 – 757.

［66］ G Cachon. Retail store density and the cost of greenhouse gas emissions ［J］. *Management Science*, 2014, 60（8）: 1907 – 1925.

［67］ G Esenduran, E Kemahl, O Lu – Ziya, J M Swaminathan. Take-back legislation: Consequences for remanufacturing and Environment ［J］. *Decision Sciences*, 2016, 47（2）: 219 – 256.

［68］ G Esenduran, E Kemahlioglu Ziya, J Swaminathan. Take-back legislation: consequences for remanufacturing and environment ［J］. *Decision Sciences*, 2015, 47（1）: 65 – 77.

［69］ G Ferrer and J Swaminathan. Managing new and differentiated remanufactured products ［J］. *European Journal of Operational Research*, 2010（203）: 370 – 379.

［70］ G Li, M Reimann, W Zhang. When remanufacturing meets product quality improvement: The impact of production cost ［J］. *European Journal of Operational Research*, 2018, 271（3）: 913 – 925.

［71］ G Raz, G C Souza. Recycling as a strategic supply source ［J］. *Production and Operations Management*, 2018, 27（5）: 902 – 916.

［72］ Gabe, Nelson. VW's luxury brands set product pace ［J］. *Automotive News*, 2014, 89（6637）: 33 – 34.

［73］ H S Heese, C Swaminathan, M Jayashankar. Product line design with component commonality and cost-reduction effort ［J］. *Manufacturing & Service Operations Management*, 2006, 122（45）: 103 – 126.

［74］ J A Mesa, D Illera, I Esparragoza, et al. Functional characterisation of mechanical joints to facilitate its selection during the design of open architecture products ［J］. *International Journal of Production Research*, 2017（12）: 7390 – 7404.

[75] J Cao, X Zhang, L Hu, et al. EPR regulation and reverse supply chain strategy on remanufacturing [J]. *Computers & Industrial Engineering*, 2018, 125 (2): 279 - 297.

[76] J Hamed, C Rasa, V Inneke, et al., Quality and pricing decisions in production/inventory systems [J]. *European Journal of Operational Research*, 2019, 272 (1): 195 - 206.

[77] J P Li. Three-fold Strategy of the U. S. Computer TakeBack Campaign [J]. *Science & Society*, 2011 (2): 124 - 136.

[78] J Schumpeter. *Capitalism, socialism, and democracy* [M]. New York: Harper Perennia, 1942: 32 - 34.

[79] J V Guide, R Daniel, and J Li. The potential for cannibalization of new products sales by remanufactured products [J]. *Decision Sciences*, 2010, 41 (3): 547 - 572.

[80] J Xu, C T Ng, T C E Cheng. Remanufacturing strategies under product take-back regulation [J]. *International Journal of Production Economics*, 2021 (235): 108091.

[81] K Arrow. Economic welfare and the allocation of resources for invention [J]. *The Economics of Science and Innovation*, 1962 (1): 61 - 77.

[82] K Kilsun, D Kim, C Dilip et al. Commonality in product design: Cost saving, valuation change and cannibalization [J]. *European Journal of Operational Research*, 2000, 125 (3): 602 - 621.

[83] K M Schmidt, L Fey, and C Thoma. Competition and incentives [J]. *European Economic Review*, 2017 (98): 111 - 125.

[84] K Ramchandran, V Krishnan. Design architecture and introduction timing for rapidly improving industrial products [J]. *Manufacturing & Service Operations Management*, 2008, 10 (1): 149 - 171.

[85] K T Ulrich, S D Eppinger. *Product design and development* [M].

北京：机械工业出版社，2014.

［86］L Antonio，Y Richard，E Tang. The impact of product modularity on new product performance：mediation by product innovativeness ［J］. *Journal of Product Innovation Management*，2011，28（2）：270 – 284.

［87］L Ardito，R M Dangelico，Firm environmental performance under scrutiny：The role of strategic and organizational orientations ［J］. *Corporate Social Responsibility and Environmental Management*，2018，25（4）：426 – 440.

［88］L Erica，Q Wang. Effects of E-waste regulation on new product introduction ［J］. *Operations Research*，2009，49（3）：275 – 277.

［89］L G Debo，L B Toktay，L N V Wassenhove. Market segmentation and product technology selection for remanufacturable products ［J］. *Management Science*，2005，51（8）：1193 – 1205.

［90］L Hau，C Billington. Designing products and processes for postponement ［M］//Dasu S，Eastman C. *Management of design*. Boston：Kluwer Academic，1994：23 – 24.

［91］L Khoo，T D Situmdrang. Solving the assembly configuration problem for modular products using an immune algorithm approach ［J］. *International Journal of Production Research*，2003，41（15）：3419 – 3434.

［92］L Yang，Y J Hu，L J Huang. Collecting mode selection in a remanufacturing supply chain under cap-and-trade regulation ［J］. *European Journal of Operational Research*，2020，287（2）：480 – 496.

［93］M Alegoz，O Kaya，Z Bayindir. A comparison of pure manufacturing and hybrid manufacturing-remanufacturing systems under carbon tax policy ［J］. *European Journal of Operational Research*，2021（8）：40 – 60.

［94］M E Ferguson，L B Toktay. The effect of competition on recovery strategies ［J］. *Production and Operations Management*，2006，15（3）：351 – 368.

[95] M Fisher, K Ramdas, K Ulrich. Component Sharing in the Management of Product Variety: A Study of Automotive Braking Systems [J]. *Management Science*, 1999, 45 (3): 297 – 315.

[96] M Fleischmann, P Beullens, J M Bloemhof-ruwaard, et al. The impact of product recovery on logistics network design [J]. *Production and Operations Management*, 2010, 10 (2): 156 – 173.

[97] M Hierry, M Salomon, N Wassenhove, Strategic issues in product recovery management [J]. *California Management Review*, 1995, 37 (2): 114 – 135.

[98] M Pazoki, H Samarghandi. Take-back regulation: Remanufacturing or eco-design? [J]. *International Journal of Production Economics*, 2020, 227: 107674.

[99] M R Galbreth, T Boyaci, V Verter. Product reuse in innovative industries [J]. *Production & Operations Management*, 2013, 22 (4): 1011 – 1033.

[100] P Desai, S Kekre, S Radhakrishnan, et al. , Product differentiation and commonality in design: Balancing revenue and cost drivers [J]. *Management Science*, 2001 (47): 37 – 51.

[101] R Banker, I Khosla, K Sinha. Quality and Competition [J]. *Management Science*, 1998 (44): 1179 – 1192.

[102] R C Savaskan, L N Van Wassenhove. Reverse channel design: The case of competing retailers [J]. *Management Science*, 2006, 52 (1): 1 – 14.

[103] R C Savaskan, S Bhattacharya, L N Van Wassenhove. Closed-loop supply chain models with product remanufacturing [J]. *Management Science*, 2004, 50 (2): 239 – 252.

[104] R Dai, J Zhang. Green process innovation and differentiated pricing strategies with environmental concerns of South – North markets [J]. *Transpor-

tation Research Part E: *Logistics and Transportation Review*, 2017, 98 (2): 132 – 150.

[105] R Geyer, L Wassenhove, A Atasu. The economics of remanufacturing under limited component durability and finite product life cycles [J]. *Management Science*, 2007, 53 (1): 88 – 100.

[106] R Mahmoudi, M Rasti – Barzoki. Sustainable supply chains under government intervention with a real-world case study: An evolutionary game theoretic approach [J]. *Computers & Industrial Engineering*, 2017, 116 (2): 130 – 143.

[107] R Subramanian, R Subramanyam. Key factors in the market for remanufactured products [J]. *Manufacturing & Service Operations Management*, 2012, 14 (2): 315 – 326.

[108] S J Stanton, J D Townsend, W Kang. Aesthetic responses to prototypicality and uniqueness of product design [J]. *Marketing Letters*, 2016, 11 (2): 123 – 136.

[109] S Lin, L Zhang, Y Li. Sustainable decisions on product upgrade confrontations with remanufacturing operations [J]. *Sustainability*, 2018 (10): 1 – 9.

[110] S Mukhopadhyay, R Setoputro. Optimal return policy and modular design for build-to-order products [J]. *Journal of Operations Management*, 2005 (23): 496 – 506.

[111] S Ray, K Ray. Product innovation for the people's car in an emerging economy [J]. *Technovation*, 2011, 31 (5 – 6): 216 – 227.

[112] S Yin, S Ray, H Gurnani, et al. Durable products with multiple used goods markets: product upgrade and retail pricing implications [J]. *Marketing Science*, 2010 (29): 540 – 560.

[113] S L Zhao, Q H Zhu, C Li. A decision-making model for remanu-

facturers: Considering both consumers' environmental preference and the government subsidy policy [J]. *Resources Conservation & Recycling*, 2018 (128): 176 – 186.

[114] T A Channel. *Caterpillar remanufacturing services forms strategic alliance with land rover* [EB/OL]. (2005 – 08 – 04) [2022 – 06 – 21]. https://www. theautochannel. com/news/2005/08/04/139416. html.

[115] T Klastorin, H Mamani, Y Zhou. To preannounce or not: new product development in a competitive duopoly market [J]. *Production & Operations Management*, 2016, 25 (12): 2051 – 2064.

[116] T Suhariyanto, D Wahab, M Rahman. Multi-life cycle assessment for sustainable products: A systematic review [J]. *Journal of Cleaner Production*, 2017 (165): 566 – 580.

[117] U. S. A. Agency. Electronics: A new opportunity for waste prevention, reuse, and recycling [EB/OL]. [2022 – 06 – 21]. http: //www. epa. gov/epr.

[118] V Agrawal, A Atasu, K Ittersum. Remanufacturing, third-party competition and consumers' perceived value of new products [J]. *Operations Research*, 2016, 27 (12): 68 – 71.

[119] V Agrawal, M Ferguson, L B Toktay, et al. Is leasing greener than selling? [J]. *Management Science*, 2012, 58 (3): 523 – 533.

[120] V Broeke, M Boute, J A Van Mieghem. Platform flexibility strategies: R&D investment versus production customization tradeoff [J]. *European Journal of Operational Research*, 2018, 270 (2): 475 – 486.

[121] V G Jr, G C Souza, L Wassenhove, et al. Time value of commercial product returns [J]. Management Science, 2006 (52): 1200 – 1214.

[122] V Krishnan, R Singh, D Tirupati. A model-based approach for planning and developing a family of technology-based products [J]. *Manufactur-*

ing & Service Operations Management, 1999, 1 (2): 132 – 156.

[123] V R Daniel, W Guide, L Wassenhove. C*losed-loop supply chains* [M]. Berlin Heidelberg: Springer, 2002: 56 – 60.

[124] W J Hopp, X Xu. Product line selection and pricing with modularity in design [J]. *Manufacturing & Service Operations Management*, 2005, 7 (3): 1 – 18.

[125] W Kerr, C Ryan. Eco-efficiency gains from remanufacturing: A case study of photocopier remanufacturing at Fuji Xerox Australia [J]. *Journal of Cleaner Production*, 2001, 9 (1): 75 – 81.

[126] W Hauser, R T Lund. The remanufacturing industry: Anatomy of a giant: A view of remanufacturing in America based on a comprehensive survey across the industry. Dept. of Manufacturing Engineering [EB/OL]. [2022 – 06 – 21]. www. bu. edu/remanufacturin. htm.

[127] W Toffel. The growing strategic importance of end-of-life product management [J]. *IEEE Engineering Management Review*, 2003, 31 (2): 61 – 71.

[128] X Huang, A Atasu, L B Toktay. Design implications of extended producer responsibility for durable products [J]. *Management Science*, 2019, 213 (25): 23 – 46.

[129] X Vives. Innovation and competitive pressure [J]. *The Journal of Industrial Economics*, 2008, 56 (3): 419 – 469.

[130] Y Baldwin, K Clark. *Design rules: the power of modularity design* [M]. Cambridge: MIT Press, 2000: 23 – 30.

[131] Y T Huang, Z J Wang. Information sharing in a closed-loop supply chain with technology licensing [J]. *International Journal of Production Economics*, 2017 (191): 113 – 127.

[132] Y Li, F Yu, F Mariuzzo, et al. The underexplored impacts of on-

line consumer reviews: Pricing and new product design strategies in the O2O supply chain [J]. *International Journal of Production Economics*, 2021 (237): 108148.

[133] Y Ma, Y Gong, B Mirchandani. Trade-in for remanufactured products: Pricing with double reference effects [J]. *International Journal of Production Economics*, 2020 (230): 107800.

[134] Y Rosokha, K Younge. Motivating innovation: The effect of loss aversion on the willingness to persist [J]. *The Review of Economics and Statistics*, 2020, 102 (2): 100 – 102.

[135] Y Wang. Remanufacturing to Play Key Role in Green Economy [N/OL]. (2013 – 11 – 15) [2022 – 06 – 21]. http: //www. chinadaily. com. cn/business/2013 – 11/15/content_17109323. htm.

[136] W Yan, Y Xiong, Z Xiong, et al. Bricks vs. clicks: Which is better for marketing remanufactured products? [J]. *European Journal of Operational Research*, 2015, 242 (2): 48 – 60.

[137] Y Xiong, P Zhao, Z Xiong, et al. The impact of product upgrading on the decision of entrance to a secondary market [J]. *European Journal of Operational Research*, 2016, 252 (2): 443 – 454.

[138] Y Xiong, Y Zhou, G Li, et al. Don't forget your supplier when remanufacturing [J]. *European Journal of Operational Research*, 2013, 230 (1): 15 – 25.

[139] Y M Zhang, W D Chen. Optimal production and financing portfolio strategies for a capital-constrained closed-loop supply chain with OEM remanufacturing [J]. *Journal of Cleaner Production*, 2020, 279 (10): 123467.

[140] Y Zhang, Z Hong, Z Chen, et al. Tax or subsidy? Design and selection of regulatory policies for remanufacturing [J]. *European Journal of Operational Research*, 2020, 287 (3): 885 – 900.

［141］ Y Zhou, Y Xiong, M Jin. Less is more: Consumer education in a closed-loop supply chain with remanufacturing ［J］. *Omega*, 2021 (101): 102259.

［142］ Z B Zou, J J Wang, G S Deng, et al. Third-party remanufacturing mode selection: Outsourcing or authorization? ［J］. *Transportation Research Part E: Logistics & Transportation Review*, 2016 (87): 1 – 19.

［143］ Z Liu, K W Li, B Y Li, et al. Impact of product-design strategies on the operations of a closed-loop supply chain ［J］. *Transportation Research Part E: Logistics and Transportation Review*, 2019, 124 (4): 75 – 91.

［144］ Z Qian, J Chai, H Li, et al. Implications of product upgrading confronting supplier remanufacturing ［J］. *International Journal of Production Research*, 2019 (58): 1 – 23.

图书在版编目（CIP）数据

再制造环境下的产品创新策略研究/孙琳著 . —北京：经济科学出版社，2022.12
ISBN 978 - 7 - 5218 - 4206 - 7

Ⅰ. ①再…　Ⅱ. ①孙…　Ⅲ. ①企业管理 - 产品开发 - 研究　Ⅳ. ①F273.2

中国版本图书馆 CIP 数据核字（2022）第 207691 号

责任编辑：刘　丽
责任校对：刘　昕
责任印制：范　艳

再制造环境下的产品创新策略研究
孙　琳　著
经济科学出版社出版、发行　新华书店经销
社址：北京市海淀区阜成路甲 28 号　邮编：100142
总编部电话：010 - 88191217　发行部电话：010 - 88191522
网址：www. esp. com. cn
电子邮箱：esp@ esp. com. cn
天猫网店：经济科学出版社旗舰店
网址：http://jjkxcbs. tmall. com
北京季蜂印刷有限公司印装
710 × 1000　16 开　10. 25 印张　150000 字
2022 年 12 月第 1 版　2022 年 12 月第 1 次印刷
ISBN 978 - 7 - 5218 - 4206 - 7　定价：58. 00 元
（图书出现印装问题，本社负责调换。电话：010 - 88191510）
（版权所有　侵权必究　打击盗版　举报热线：010 - 88191661
QQ：2242791300　营销中心电话：010 - 88191537
电子邮箱：dbts@ esp. com. cn）